戦後の球跡

しずおかの高校サッカー

もくじ

浜松北 …… 4
全国舞台に県勢第1号
晴れの国体で強豪の壁
決死の覚悟で3位確保

浜松西 …… 10
"二郎先生"2人が息吹
悲願の「打倒北高」達成
創部5年で初の全国へ

静 岡 …… 16
"選手権"初の本県代表
近県王者、国体予選で涙
選手権初戦で本命撃破

藤枝東 …… 22
死力尽くし国体初出場
全国大会の常連に飛躍
郷里沸いた国体準優勝
母校での国体 初の頂点
小宮山、長池 強豪へ導く
屈辱乗り越え国体4強
選手権、念願の県勢初V
延長での強さ、選手権制覇
晴れの国体で強豪の壁
3連覇の夢 抽選で散る

清水東 …… 62
復活2年目で県を制す
"分厚い壁"破り全国へ
「重馬場」走り抜き頂点
宿敵に雪辱、再び国体へ
死闘再試合で総体切符
粘り勝ち、総体初の栄冠
若いメンバー 総体4強
逆境ばねに初出場準V
総体制覇 黄金期の序章
選手権 またも決勝の壁
"東征"果たし総体連覇
猛攻、堅守で選手権初V

静岡工 …… 96
連覇目前で宿敵に惜敗
黄金期後 険しい道のり
悔しさバネに総体切符
選手権 連続で上位逃す
地元総体 県勢対決制す

静岡北 …… 106
全国への壁 ついに突破
目前で消えた総体切符
黄から赤 イメージ一新
初の選手権 光放つ準V

藤枝北 …… 106
創部6年目 初の県制覇
全国懸け宿敵としのぎ
強敵破り 念願の選手権

清水商 …… 114
1年生2人 創部に奔走
選手権予選で優勝争い
創部9年目 初の全国制覇
初の全国で鮮烈の準V
奇跡の逆転 再び全国へ
OB監督の下 総体8強
宿敵打倒 選手権も4強

しずおかの高校サッカー
戦後の球跡

□浜 名…………152
総体準決勝 PK戦で涙
選手権制し初の日本一
光る堅守で4度目総体
平成初の選手権王者に
総体初V後に落とし穴
総体連覇、ユースも制す
冬の3回戦 接戦で散る
強力布陣で選手権制す
全国5連続優勝ならず
輝き戻り ユース3連覇
4年連続全国タイトル
ユースで復活、5度目のV
11年ぶりの選手権出場
10人の同好会が第一歩
実り多かった広島遠征
初の全国 いきなり頂点
同県対決 無念の準優勝
8強の壁 総体連覇逃す
成長続け総体2度目V
同一校に2年連続惜敗
1回戦敗退 無念の思い
久々の総体で難敵下す

■静岡北…………170
部員13人で新人戦準V
地元総体 延長の末準V
死闘制し初の全国舞台
猛練習実り2度目総体
下馬評覆し再び全国へ

●静岡学園…………178
基本に個人技重ね成長
強豪と分け合い県初V
全国再挑戦 PK戦で涙
14年ぶり選手権で8強
選手権 悔しい両校優勝
連覇の夢 準決勝で散る
大敗乗り越え選手権へ
選手権常連も上位遠く
技術を立証、ユース準V
ジンクス破り初の総体
夏の王座に一歩届かず

Ⅲ東海大一…………202
県決勝惜敗 飛躍の予感
勝利目前 初の全国逃す
2年連続 県決勝で散る
初の選手権 県決勝で無失点V

■磐田東…………214
創部7年で県総体4強
中部の壁崩し県初制覇

■常葉橘…………218
猛練習で県16強常連に
堅守武器に初の県制覇

■藤枝明誠…………222
新人戦 接戦の末両校V
初の選手権 堂々の8強

全国大会出場記録
国体…………226
選手権…………226
高校総体…………228
全日本ユース…………229

3

浜松北 ①
全国舞台に県勢第1号

走行距離は180キロを超える。東京一小牧間の半分強、所要時間は2時間近い。東名高速道を走り抜けると、静岡県の長さを実感する。

そんな横長の静岡県は東部、中部、西部に3区分され、1地区だけが突出することは許されたい土壌にあり、何につけても3地区のバランスが問われる。

しかし、サッカーの世界だけは趣を異にして、常に中部主導で歴史を刻んできた。中でも顕著なのは高校の分野だ。冬の全国選手権出場校の顔ぶれをみても、中部勢がずらりと並ぶ。ところが、戦後初めて高校勢で全国の舞台に名乗りを上げたのは、ほかならぬ西部の「浜松一高」だった。

戦後混乱期の1948年（昭和23）秋、浜松一は福岡県で行われた第3回国民体育大会（国体）サッカー高校の部出場校の一角に名を連ねた。静岡サッカーが戦後初めて、全国の戦いの場に送り込んだ県代表として。

浜松一高の前身は浜松一中である。1936年のベルリン五輪のサッカー日本代表にOBの堀江忠男と加茂健、正五の兄弟選手を送り込むなど、戦前から輝かしい足跡を残してきた。だが、戦時色に染まった1943年、休部となり、古豪サッカー部が活動を再開したのは、終戦翌年の1946年春だった。

「何としても復活させたい」と下級生にも呼び掛け14、15人を集めた」と、5年生だった鈴木幹一（浜松市中区在住）。サッカーへの思いを募らせていた部員たちは、戦時中、イモ畑になっていたグラウンドを整地した。ワイシャツや半袖シャツなどを持ち寄り、紺色

4

しずおかの高校サッカー 浜松北①
戦後の球跡

に染めた、手づくりユニフォームに身を包み、軍靴や地下たび、あるいは裸足でつぎはぎだらけのボールを追った。ボールといっても1、2個確保するのがやっとで、野球の軟球を使うこともあった。鈴木は「蹴りにくかった」と言いながらも「おかげでうまくなった」と振り返った。

1948年度、学制改革に伴い、新制の浜松一高が誕生した。ただし、浜松一高の名はこの年度だけで消え、翌1949年度には現校名の「浜松北高」となった。1年間だけの校名だったといえ、「浜松一高」が静岡サッカーの戦後の歴史に価値ある第一歩を記したのは、紛れもない事実である。

「静岡サッカー70年のあゆみ」（静岡県サッカー協会刊）によると、旧制中学最後の1947年度と新制高校がスタートし、浜松一高となった1948年度の2年間、県内はもちろん東海でも無敵を誇ったという。静岡新聞が1978年に連載した「サッカー王国静岡・その六十年の歩み」

にも「志太中（現・藤枝東高）も静中（静岡中＝現・静岡高）も問題じゃなかった。県内ではどことやっても負ける気がしなかった」との記述があり、無類の強さがうかがえる。

1946年、活動を再開したサッカー部。まだ旧制浜松一中時代だった

② 浜松北

晴れの国体で強豪の壁

　1948年度の国体県予選。決勝まで順当に勝ち上がった浜松一高は、藤枝東高（当時・志太高）と顔を合わせた。対戦を前に「間違いなく勝てる」と、みんな自信に満ちていた。今では信じられないでしょうね。何せ、相手は藤枝東ですから」と、2年生でマネジャーも務めた尾崎治（浜松市北区在住）は往時を懐かしむ。

　県下一の座をかけた戦いは、「間違いなく勝てる」の言葉通りに立ち上がりから主導権を握った。開始早々、右のウイング、能勢剛行のドリブルシュートが鮮やかにゴールをとらえた。見事な先制点のはずだったが、ボールはたるんでいたゴールネットの隙間を突き抜け、ネットを揺らさなかったため、審判は見誤ったのかノーゴールの判定。「我々は唖然としたが、まあ1、2点はどうでもいいと大きな気持ちで抗議もせず試合続行」（静岡サッカー70年のあゆみ）し、4－0で圧勝してみせた。

　次の関門はブロック大会である。いまは東海4県大会だが、当時は中部9県で争われた。浜松一はここでも他の追随を許さず優勝。中部9県の代表として福岡国体に臨んだ。食糧難時代とあって米を持参して列車に乗り込み、26時間をかけた福岡行きだった。

　県でも中部でも敵なし、ならば国体本番でも——と勇躍、福岡に乗り込んだが、初の晴れ舞台では全国の厳しさを思い知らされることになる。上野（三重）と対戦した初戦は1－1で延長にもつれ込み、延長でもけりがつかなかったが、抽選の末にしぶとく勝ち抜いた。これでベスト4に進出。決勝進出をかけた相手は広島高師付

しずおかの高校サッカー 戦後の球跡　浜松北 ②

1948年秋、福岡国体に出場した浜松一高の面々

（広島）だった。当時、サッカーどころとして名をはせていた広島勢でも屈指の存在といわれた強豪だ。前評判は本物だった。広島が誇る強豪は、全国舞台初陣の浜松一の前に分厚い壁となって立ちふさがった。

マネジャー兼務の尾崎は、対戦相手の偵察役を仰せつかっていた。広島高師付の初戦の戦いぶりをつぶさにチェックした尾崎の目に、右サイドからの崩しが脅威に映った。尾崎の分析をもとに相手の右サイド封じには成功したが、逆に左サイド（自陣の右サイド）からの攻めに苦しみ、守りを寸断された。

浜松北 ③ 決死の覚悟で3位確保

サイド攻撃以上に苦しめられたのは、プレーの激しさだった。浜松一高イレブンは広島の強豪が繰り広げるプレーに驚き、戸惑った。それは、初めて体験する、異質のサッカーだったからである。

広島高師付は競り合いのたびに激しく当たり、体を張ってボールを奪い取りにきた。浜松一高は相手の激しいプレーに圧倒され、3点をもぎ取られた。うち1点はゴールキーパーの鈴木久夫が体当たりされ、ゴールを奪取されたものだった。いまなら間違いなくゴールキーパーチャージを取られるラフプレーだが、当時は審判の笛が鳴ることなど、滅多になかった。

0－3の敗戦を当時マネジャーを兼務していた尾崎は、こう振り返った。「サッカーに負けたのではなく、けんかに負けたようだった」と。その言葉から、広島高師付の異質のプレーに苦しみ抜く様子が目に浮かんでくる。

決勝進出は果たせなかった浜松一の面々だが、打ちひしがれてはいなかった。次の戦いの場は3位決定戦。「このままでは浜松に帰れない」と決死の覚悟で仙台一（宮城）との一戦に挑んだ。「全員、目の色が変わっていた」といい、「もし負けたら、背番号1から列車に飛び込もう」と気持ちを前面に出して戦いに臨んだ。まず、レフトインナー、竹下照彦のロングシュートで先手を取り、

福岡国体先発メンバー		
GK	鈴木	久夫(1年)
FB	山崎	享司(3年)
	竹山	達也(3年)
HB	松田	治夫(3年)
	杉本	恵台(3年)
	小林	一成(1年)
FW	能勢	剛行(1年)
	中村	昭司(1年)
	村木	誠次郎(2年)
	竹下	照彦(3年)
	藤井	義也(2年)

8

しずおかの高校サッカー 戦後の球跡
浜松北 ③

レフトウイングの藤井義也が加点、2－0で3位の座を勝ち取った。

会場の福岡・平和台陸上競技場は大観衆で埋まった。満員のスタンドが見詰める中で戦った感動を、1年生ながらゴールを守り抜いた鈴木久夫は「サッカー王国静岡・その六十年の歩み」の中で「観衆が見ている前で試合をしたのは初めて。あんなに上がったことは後にも先にもない」と表現している。

1921年（大正10）ころ、運動部の猛者が集まってボールを蹴り合ったのを起源に1925年、サッカー部が誕生。1936年のベルリン五輪にはOBの3選手を送り込むなど、前身の旧制浜松一中は戦前の県西部サッカー界をけん引してきた。

戦後、新制高校となってもその伝統を受け継ぎ、気を吐いてみせたのが、福岡国体の3位の座確保だった。

3位の座を確保した福岡国体での戦いぶりを語る尾崎治

浜松西 ① "二郎先生"2人が息吹

浜松一高（現・浜松北高）が3位と健闘した福岡国体から2年後、1950年（昭和25）の愛知国体に浜松西高が駒を進めた。県勢にとって2度目の全国舞台。射止めたのは再び西部勢だった。

浜松西高サッカー部が産声を上げたのは、旧制浜松二中時代。終戦から半年もたたない1946年1月のことだった。当時、県内の旧制中学校でサッカー部が活動していたのは静岡中（現・静岡高）志太中（現・藤枝東高）見付中（現・磐田南高）、それに浜松一高の前身である浜松一中の4校にすぎなかった。5校目に名を刻んだ新生・浜西サッカー部は学制改革を挟みながら急成長、創部わずか5年で全国への代表切符を手中にしたのである。

急成長の原動力は、"二人の二郎先生"にほかならない。一人は山本二郎であり、もう一人は児玉二郎。ともに浜松一高の前身、旧制浜松一中の卒業生だった。

終戦4カ月後の1945年12月、旧制浜松二中に一人の教師が赴任した。山本二郎。担当は社会科だが、浜松一中当時、サッカー部員だった経験から、戦後の学校教育に新たな息吹を吹き込むのはサッカーだーと部創設に立ち上がった。山本は持ち前の行動力を発揮、素早く部員を集めて赴任1カ月後には早くもサッカー部を始動させた。

といっても、集まったのは素人が大半。小石が転がるグラウンドで、裸足でボールを追う練習光景には、「シャモの蹴り合い」との声が飛んだという。

1947年6月、もう一人の二郎先生である児

しずおかの高校サッカー 戦後の球跡　浜松西①

玉が浜松二中に赴任した。やはり社会科の担当だったが、師範学校の付属小時代にサッカー少年だったことを知る山本から声が掛かって、サッカー部のコーチに就任。こうして二郎コンビによる二人三脚指導がスタートした。部員に「土佐犬」のあだ名で呼ばれた山本は熱血指導に徹し、コーチ役の児玉でさえ「生徒たちと一緒によく怒られたものだった」と苦笑する。

「5年計画、100連敗」。これはチーム始動にあたり、山本が掲げた目標である。「5年目に最高のチームをつくる。それまでは負け続けてもいいんだ」とは山本の言葉であり、「サッカー王国静岡・その六十年の歩み」の中で紹介されている。ゼロからのスタートだから失うものはない。負けながら経験を積み、成長すればいい―「5年計画、100連敗」には、山本のそんな強い意志が込められていた。

創成期のころ、浜松二中時代の面々

❷ 浜松西

悲願の「打倒北高」達成

浜松二中は学制改革により、浜松二高を経て1949年4月、現校名の浜松西高となる。新制高校がスタートしたこの年は、浜松西高のメモリアルイヤーであるばかりでなく、サッカー部にとっても忘れられない年となる。

「打倒北高」を達成するのだから。

「打倒浜一中！」「打倒北高！」は部創設以来の合い言葉だった。といっても、ベルリン五輪に代表選手を送り込むなど、実績を誇る伝統校と、新興チームの力量差は歴然としていて、挑戦しては跳ね返され続けた。だが、屈するたびに「打倒浜一中（北高）！」の思いを募らせ、二人の二郎先生が要求する厳しい練習に耐えた。

迎えた5月の三遠大会。決勝に勝ち進むと、浜松北が待ち受けていた。開始2分、ミスを突かれ、浜松北にあっさりと先手を許した。いきなり先制パンチを浴びれば、以前なら出鼻をくじかれてペースを乱すところだったが、この試合の浜松西はひるまなかった。

種まきから手がけ、浜松西高サッカー部を育て上げた"二人の二郎先生"。山本はサッカーとの関わりを持ち続け、2001年（平成13）85歳で永眠した。一方の児玉は卒寿（90歳）を間近にしてもなお壮健。浜松市中区に住み、シニア仲間とプレーを楽しむ。

"二人の二郎先生"が掲げた指導の二本柱。それは、児玉によれば「走れ！　強いボールを蹴れ！」だった。「どんなに技術を高めようとも、走れなければ、強く蹴れなければ、勝負はできない。これはいつの時代も変わらない」と、児玉はサッカーの原点ともいえる2つの要素の重要性を強調する。

12

戦後の球跡
しずおかの高校サッカー　浜松西 ②

むしろ、後半は運動量で浜松北を圧倒した13、15分と立て続けにゴールを奪って2－1と逆転。そのまま押し切って見事な勝利を収め、創部以来の目標を達成した。

夢の実現に選手たちは歓喜した。サッカー部50年誌は「レフェリーのホイッスルは高々と、試合終了を我々に告げた。勝った。勝った。まさしく北高いや一中、一高打倒の夢はここにおいて叶ったのである」と、喜びあふれる表現で記念すべき勝利を伝えている。

山本が掲げた「5年計画」より1年早く、実力校の浜松北と肩を並べるまでになった浜松西は翌50年、国体予選を勝ち抜いて全国のひのき舞台に立つ。

二郎先生の一人、児玉三郎。卒寿間近でもかくしゃくとしている

故 山本二郎

浜松西 ③ 創部5年で初の全国へ

1950年（昭和25）9月に行われた国体県予選で、浜松西は沼津商、静岡城内、磐田南を次々と倒して決勝に進出した。相手はまたも浜松北だった。前年の三遠大会決勝と同様、前半に先制点を奪われた。だが、後半に盛り返し2―1で逆転勝ちして中部予選に進んだ。

1カ月後の中部予選は前年までと異なり、静岡、山梨、長野3県で争われた。リーグ戦形式の初戦。相手は静岡県勢が何度も涙をのまされてきた韮崎（山梨）だった。

浜松西は難敵相手に大奮闘。0―0で突入した延長前半、PKを脇本善男が確実に決め、後半にも1点を加えて2―0で競り勝った。勢いに乗って臨んだ第2戦は、松本県ケ丘（長野）を寄せ付けず、2―0で退けて初の全国行きを決めた。創部5年目の快挙だ。

「ことしが最後の年。ことしを逃せば、2度とチャンスはないと心に決めていた」とは、山本の5年計画最後の決意であり、その思いを「サッカー王国静岡・その六十年の歩み」（静岡新聞連載）で吐露している。

国体本番は愛知県が舞台だった。初戦の相手は修道。2年前、浜松北が準決勝で苦杯をなめさせられた広島高師付と同じ広島代表であり、やはり前評判は高かった。

下馬評通り、修道がパスワークを生かした攻

愛知国体先発メンバー		
GK	牧野	剛司仁介修雄一介男美静
FB	城岩瀬広	譲教
HB	井村山辺	英幹俊善勝
	中高内渡伊	本石本
FW	脇	藤本大杉

14

しずおかの高校サッカー 戦後の球跡　浜松西 ③

めで優位に試合を進めてきた。だが、浜松西はGK牧野剛の好セーブと、守備陣の気迫の守りで激しい攻めを跳ね返し、縦パスを主武器に反撃した。ところが、後半5分、修道のセンタリングがゴール前を固めようとした守備陣の踵に当たってゴールイン。不運な失点にもめげず、激しく追い上げたが、0－1で惜敗した。

全国では強豪に屈した浜松西だが、県内では上位校としての地位を確固たるものにし、1952年の全国選手権県予選、1955、1956年の国体県予選と相次いで決勝に進出した。しかし、いずれもわずかに及ばず敗退。その後、低迷期に入っていたが、国体出場から実に45年たった1995年度（平成7）の総体県予選で気を吐く。

池谷孝（現・J清水スタッフ）に率いられたチームは、準々決勝で静岡学園に3－1で競り勝ち、準決勝では沼津学園（現・飛龍）に延長の末、3－2で粘り勝った。最後は清水商に1－3で敗れたものの、45年ぶりの全国舞台にあと一歩と迫った。

愛知国体に出場し、記念撮影をするメンバー

15

静岡 ① "選手権"初の本県代表

全国高校選手権といえば、"選手権"の愛称で呼ばれ、サッカーを志す高校生のあこがれの舞台である。県勢は藤枝東の4回を筆頭に、清水商3回、清水東、東海大一、静岡学園がそれぞれ1回、合わせて10回、頂点に立っている。ただし、1918年（大正7）の正月に始まった大会は、ブロック代表制を取ってスタートしたこともあって、県勢は戦後間もないころまでブロックの壁に跳ね返され続けた。

県勢が分厚いブロックの壁を突き破り、初めて出場校の一角に名を連ねたのは、1950年度（昭和25）の第29回大会。記念すべき初代代表校は「静岡城内」だった。前身は静岡中であり、後の現・静岡高だ。学制改革により旧制静岡中は「静岡第二」「静岡城内」「静岡」と変遷する。

1919年、静岡大教育学部の前身である静岡師範学校にサッカー部が誕生、これが静岡県内の"サッカー事始め"とされている。その1年後の1920年、静岡中サッカー部が始動した。もちろん、県内の旧制中学、新制高校サッカー部第1号である。

「静岡中学・静岡高校サッカー部史」を開くと、1世紀近い歴史の中に4期の黄金時代が刻まれている。

第1期黄金時代は第1、2回の県下中等学校大会を連覇した1925、1926年。第2期は1939、1940年（昭和14、15）。1939年に久々に県下中等学校大会を制し、翌1940年には県予選を勝ち抜いて、現在の国体に該当する明治神宮大会への出場権を獲得した。第3期が1950～1958年で、選手権への代表権を獲得したのをはじめ、浜松市で開催さ

しずおかの高校サッカー 静岡①
戦後の球跡

れた近県大会で優勝したり、東京での東日本大会でベスト8に進出したりして気を吐いた。第4期は1981～1985年。全国への出場権こそ奪えなかったものの、選手権や全国総体の県予選で常に上位に食い込んだ。

ところが、第4期から既に四半世紀たつというのに、黄金時代到来の声を聞かない。2010年（平成22）10月、静岡市内で開かれたサッカー部誕生90年を祝う集いで、OB会長の山田義弘（1965年卒、静岡市在住）は「100周年までに県大会ベスト4、全国大会を目指したい。そのために現役選手を全OBで支えていく」と力説した。もちろん、第5期黄金時代実現に期待を込めて―。

創部90周年を祝う記念の集いでも、復活を望む声が上がった

2 静岡

近県王者、国体予選で涙

静中・静高サッカー部史にある4つの黄金時代の中で、あえて最上位を選べば「静岡城内」の校名で全国選手権に名乗りを上げた1950年度に始まる第3期となろう。

戦前の明治神宮大会を除けば、唯一、全国舞台を踏んだ1950年度の選手権。その道を切り開いたのは、先駆けて8月に浜松で行われた、静岡大工学部主催の近県大会だった。

全国規模の大会がほとんどなかった時代背景を反映して、有力校が集う近県大会は貴重な戦いの場であり、全国各地域で実施されていた。静岡大工学部による近県大会は、前身の浜松高等工業が主催していたころから

静岡、愛知、三重、岐阜、山梨、長野といった"近県"各校の一大目標となっていた。1950年の大会は戦後復活第2回で、20校が参加した。静岡城内は5月の遠征試合で関東ナンバーワンといわれていた小田原(神奈川)に5―1と快勝し、「やれるぞ」との自信をつかんでいた。

1回戦は圧勝し、2回戦で刈谷(愛知)と対戦した。当時の刈谷は名だたる強豪で、優勝候補の一角だった。だが、小田原遠征で得た自信にものをいわせ、タイムアップ寸前に決勝ゴールをもぎ取って、2―1で強豪に競り勝った。

これで完全に勢いに乗ると、決勝まで勝ち上がり、浜松北と顔を合わせた。県内のライバル対決とあって試合は白熱したが、後半、2年生の大畑稔が決勝のロングシュートを決め、1―0で優勝を飾った。実はこの決勝弾、破れてきていたネットの穴から外に飛び出したため、選手たちは一瞬、外れたかと思い、喜びを実感し、

18

しずおかの高校サッカー　戦後の球跡　静岡②

静大工学部主催の近県大会を制した静岡城内

歓喜を表現するまで間があった。近県王者の座に就いた静岡城内は、次いで9月の国体予選に挑んだ。県内最大のライバルであった浜松北を退けた直後とあって、当然のように国体出場に照準を合わせていた。ところが、好事魔多し。PK失敗もあって、2回戦で台頭著しい浜松西に0―1で屈し、全国への道を断たれた。

「悔しくてたまらない。俺達は、近県の覇者ではないか。何故負けたのだろう。先の近県大会で優勝し心におごりがあり、相手を侮ったのでは無かろうか。ダッシュも動きも悪い。チームワークもずれがあった」。主力の一人であった小杉弘（神奈川県在住）は、静中・静高サッカー部史に収めた「我が青春のサッカー日記より」の一節で、無念の思いをこう明かしている。

静岡 ③ 選手権初戦で本命撃破

国体予選でよもやの負けを喫した。だが、近県大会を制した実力が本物だったことを、11月から12月にかけた全国選手権予選で立証する。

国体予選敗退の雪辱に燃える選手たちは、選手権県予選で快進撃をみせて優勝。4県で戦う中部ブロック大会に進出した。本県は中部ブロックに所属し、山梨、長野、新潟各県代表と1枚の代表切符を争った。当時の中部ブロックは山梨勢の天下で、殊に韮崎高の強さが際立っていた。その韮崎と決勝で顔を合わせたが、見事な戦いぶりで勝利を収め、全国大会出場の夢を実現させた。

静岡県代表が初めて臨んだ全国選手権は、翌1951年1月2日、兵庫県西宮市の西宮球技場で開幕した。1回戦の相手はV候補筆頭の国泰寺(広島)だった。

3カ月足らず前の秋の国体で、浜松西が初戦で敗れたのは広島の修道であり、1948年の国体でも浜松一が準決勝で広島勢の広島高師付に屈していた。静岡代表がみたび、広島勢の後塵を拝するのか。静岡城内の挑戦が注目を集めた。

初陣とあって、立ち上がりは動きが固く押し込まれた。しかし前半10分、塩沢満(故人)がオーバーヘッドシュートを決めて先手を取った。「まさかと思ったが入っちゃった。これで気が楽になったね」と、塩沢は静中・静高サッカー部史で

全国選手権先発メンバー

GK	森	下	健策
FB	松	下寺	祐寛男
	岡	山	忠一郎
HB	杉	村	和雄
	大	奈	久弘
	朝比		幸満
	戸	塚	朗
FW	小	杉	芳
	塩	沢	月祐
	望	部	阿

20

しずおかの高校サッカー　静岡③
戦後の球跡

振り返っている。先制点を奪ったことで肩の力が抜け、その後は終始、主導権を握って4－1で圧勝した。塩沢はだめ押しとなる4点目もたたき出した。

優勝候補を寄せ付けなかったとあって、新聞の見出しは躍り、選手たちも勇んで続く高知農（高知）戦に臨んだ。ところが、動きは鈍く前半に先制点を許した。それでも後半は一方的に押し込んだが決め手を欠き、終了寸前のPKも外して0－1で惜敗した。

「国泰寺に勝って慢心したのかもしれない」。ライトインナーで活躍した小杉弘（神奈川県在住）は60年前の不本意な敗戦を分析した。

伏兵に敗れ、2回戦で姿を消したとはいえ、静岡城内は初陣でいきなり本命を倒し、強烈な印象を与えた。センターハーフの大村和一郎（後に横田、故人）は立大－田辺製薬と進み、1956年のメルボルン五輪で代表入り。大村をはじめ、やはり立大の門をたたいた小杉、早大入

りした主将の塩沢満ら、実力派をそろえ、実力は高く評価された。

ともに大学で活躍した小杉弘と故塩沢満

メルボルン五輪に出場した故大村和一郎

藤枝東 ①

死力尽くし国体初出場

選手権4回、総体と国体、それに全日本ユース（U-18）いずれも2回、合わせて10回の全国制覇を誇り、選手権出場は23回―。1924年（大正13年）の学校創設と同時にサッカーを「校技」と定めただけあって、藤枝東の実績は際立っている。

ところが、藤枝東の戦後の全国舞台登場は1953年度（昭和28）の愛媛国体まで待つことになる。というのも、戦後数年間は、1948年度の福岡国体に出場した浜松一と1950年度愛知国体代表の浜松西の浜松コンビ、1950年度の全国選手権に駒を進めた静岡城内に圧倒されていたからだ。

しかし、そこは戦前から名をはせた実力校。旧制志太中から「志太高」、「藤枝高」と校名が変遷するのに呼応するかのように着実に勢いを盛り返した。

1951年度の国体予選は「藤枝高」として臨んだ。県大会を初めて勝ち抜き、中部ブロック予選へ。決勝で甲府商（山梨）に惜敗し、全国行きは逃した。だが、県予選での頑張りが2年後の国体初出場につながり、全国の強豪としての地位を築く起点となった。

1952年春、藤枝高は現校名の「藤枝東高」となり、新たなスタートを切った。新校名が定着して迎えた1953年度の県予選。新生・藤枝

愛媛国体登録メンバー		
GK	鉄	種雄一志郎 清喜代司 村朝清久次 谷義鈰広
FB	塚	
HB	大	田忠武一 島本茂章 木藤沢鈿
	藤	
FW	西	岡村本 長安新 鈴井橋 新森 橋石
補		

しずおかの高校サッカー 戦後の球跡
藤枝東 ①

東は準々決勝で静岡を2-1、準決勝は浜松北、決勝は静岡工をともに3-0で倒して優勝。さらに静岡、山梨、長野3県の代表3校で争った中部ブロック予選も突破して、念願の本大会行きを決めた。

中部ブロックの代表枠は2つで、代表校の力関係を分析するとブロック突破の可能性は高い。ならば、県を制覇すれば全国行きは間違いないところだ。

「我々は県で優勝すれば国体に行けると、死にものぐるいで県大会を頑張った。決勝終了の笛を聞いたとたん、全員抱き合って泣いた。国体の時期になると、決まってこの時のことを思い出す。汗と涙で汚れた仲間たちの顔が、今でもはっきりと浮かんでくる」。

母校の創立60周年記念誌に、こう記したのは主力の一人であり、後に静岡県サッカー協会専務理事を務めた橋本忠広（静岡市駿河区在住）。サッカー部OB会長の橋本はいまもピッチに立つ。

サッカー人生は60年を優に超えるというのに「サッカーで泣いたのは、後にも先にもこの時だけ」と感慨深げだ。

初の全国出場当時を振り返るOB会長の橋本忠広

1953年秋の国体初出場を目指した戦い

❷ 藤枝東

全国大会の常連に飛躍

　全国デビューとなった1953（昭和28）年度の愛媛国体。選手たちは国体列車に揺られて伊予路に向かった。

　1回戦は多々良学園（山口、現・高川学園）に3—0で快勝し、2回戦で浦和（埼玉）と顔を合わせた。この年の浦和は向かうところ敵なし、連勝記録を更新していた。藤枝東は快進撃を続ける浦和と練習試合で対戦し、1—1で引き分けていた。そんな経験もあり、選手たちは対等に戦えると踏んでいた。

　互角の展開で試合は進んだ。ところが、思わぬ形で先制点を与えた。自陣ゴール前に相手のボールが迫った時、どこからか「オフサイド！」の声が飛んだ。GKはこの声に反応、プレーを止めてボールを見送ったところ、オフサイドの判定はなく、そのままゴールイン。やらずもがなの失点でリズムを崩し、その後も2点を奪われると、一矢も報いることなく0—3で敗れ去った。

　「なんで入ったのか。いまだに信じられない」。60年近くたっても、レフトインナーで活躍した橋本の脳裏には、1点目の失点シーンが焼き付いている。

　不本意な敗戦だったが、全国舞台という貴重な経験を積んだことで、藤枝東は間違いなく成長。着実に上昇階段を登り始める。

　2年後の1955年度、今度は国体だけでな

1955年度全国選手権先発メンバー	
GK	柴田二郎
FB	井沢喜四郎　岡本操
HB	西橋喜代一　橋井鉦章　安藤沢悟
FW	安藤錠彦　藤村公司　山科釼晃　藁田卓　藁嗣

24

しずおかの高校サッカー　藤枝東②
戦後の球跡

1955年度全国選手権出場の3年生メンバー

く、冬の選手権出場権もつかむ。国体は2年ぶり2度目の出場だった。初戦で松山工（愛媛）を1－0で下したが、2回戦で準優勝した神戸（兵庫）に抽選負けした。強豪と互角に渡り合った末の不運の敗戦であり、その分、無念さが募った。

何としてもレベルアップを図り、冬も全国舞台へ――。そんな思いに燃え、主将の西谷喜代志（横浜市在住）を中心に選手自らが戦術を練った。西谷が取り寄せた英国の専門書を翻訳し合い、取り入れたのが3バックシステムだった。当時は2バック全盛時代とあって、画期的なシステムの採用だった。

選手権予選は静岡工、清水商、清水東を連破してまず県を突破。東海では国体優勝校の刈谷（愛知）に4－0で圧勝し、本大会出場を決めた。強敵の刈谷を倒してつかんだ初の選手権出場切符。藤枝東はこの年から10年連続、選手権に名乗りを上げ、全国大会常連校として地位を確固たるものにする。

25

藤枝東 ③

郷里沸いた国体準優勝

選手権初挑戦とはいえ、藤枝東の前評判は高かった。東海ブロック予選で国体優勝の刈谷（愛知）を下しての出場だったからだ。

1回戦は関西（岡山）と対戦。前半に安藤鈫司（島田市在住）、後半に西谷がそれぞれロングシュートを決めて2－1で競り勝つと、2回戦は韮崎（山梨）が待ち受けていた。隣県校の韮崎は、刈谷とともにブロック予選で常に県勢の行く手を阻んできた。

ブロック予選で刈谷は倒した藤枝東だが、韮崎の壁は厚かった。鋭い出足に圧倒され、前半も序盤に2点を奪われた。それでも、安藤のシュートで1点差に詰め寄り、持ち前のパスワークを生かして反撃した。だが、逆に追加点を奪われ、1－3で敗れた。

「ガツガツしたサッカーにやられた」と西谷は55年前の敗戦を振り返る。ゴールを守った柴田二郎（焼津市在住）は「優勝候補といわれても、別に固くなったわけではなかった。やはりスコアが示す内容だった」（サッカー王国静岡・その六十年の歩み）と回想する。

1953年度の国体、そして1955年度の国体と選手権、いずれも2回戦の壁に跳ね返された藤枝東だが、1956年度の兵庫国体で2回戦の壁を突破する。それどころか、一気に決勝まで勝ち上がった。

兵庫国体登録メンバー

GK	田　　彪夫治二操悟錠栄晃平雄夫也児男
FB	増辺昭孝誠章
HB	渡萩飯藤原田本沢藤原田岡井崎
FW	安梅山山享利敏晃健邦小坂橋津浦野谷
補	深松木池

26

しずおかの高校サッカー 戦後の球跡　藤枝東③

優勝をかけた一戦は修道（広島）と対戦した。

相手は当時の高校サッカー界をリードしていた広島代表。パワフルなプレーで圧倒しようとする修道に、藤枝東はパスサッカーで対抗した。

試合は互角の展開だった。しかし前半、修道のコーナーキックのこぼれが藤枝東側の肩に当たってゴールイン。気を取り直して猛反撃に出たが堅守を崩せず、前半の1点に泣いた。

わずかに届かなかった全国初制覇。「準優勝だからたいしたことはない。監督の小宮山（宏）先生＝故人＝もそう言うので、そうかなと思っていた」と、フォワード陣の一角の山田晁（藤枝市在住）。ところが、郷里は準優勝に沸いていた。大歓迎の中、選手たちは瀬戸川に架かる勝草橋から学校まで歩いてパレードし、勇姿を披露した。

この年、冬の選手権にも出場して堂々の4強入り。国体に続く活躍で、藤枝東株は上昇した。

兵庫国体で準優勝した藤枝東の面々

④ 藤枝東

母校での国体 初の頂点

上昇をカーブを描き続ける藤枝東株は、1957年度の一巡目静岡国体で最高値を付ける。サッカー競技の開催地は藤枝市で、しかも母校グラウンドが主会場とあって、選手たちは燃えていた。夏休みに2度の強化合宿をこなし、3年生は修学旅行への参加をやめた。

満を持して迎えた国体本番。2回戦の山城（京都）との一戦は天覧試合となった。母校のグラウンドには7、8千もの人が詰め掛け、観衆は道路まであふれた。大観衆の前で、藤枝東は立ち上がりから山城を圧倒した。前半こそゴールを割れなかったが、後半、2点をもぎ取り、記念すべき天覧試合を2−0で制して8強入りした。

準々決勝は徳島商（徳島）に3−0で順当勝ちしたが、準決勝は一転、関西学院（兵庫）に先手を取られて大苦戦。それでもタイムアップ寸前に飛び出した、主将・飯田誠二（藤枝市在住）の起死回生の同点弾で息を吹き返し、延長前半6分、センターフォワードの山崎享平（愛知県刈谷市在住）が勝ち越しゴールを奪った。さらに後半6分、池谷邦男（故人）がとどめを刺して、3−1で決勝進出を決めた。

決勝の相手は山陽（広島）。1年前、決勝に駒を進めた藤枝東は同じ広島代表の修道に競り負けた。再び、広島勢と渡り合った藤枝東は開始

静岡国体登録メンバー		
GK	増村深飯	彪昭夫二 範敏誠昭
FB	松津田	田辺原 昭三四
HB	田渡池	谷中崎 享邦晃
FW	梅田山池松	浦木尾田 秀健
補		鈴橡内

28

しずおかの高校サッカー　藤枝東 ④
戦後の球跡

国体を制し、大歓迎の中を優勝パレード

30秒にいきなり失点した。苦しいスタートを強いられたが、慌てなかった。

前半28分、松浦晃也（神奈川県横須賀市在住）のシュートの跳ね返りを池谷が頭で合わせて追い付き、後半4分には池谷が再び決めて逆転した。5分後、今度は梅原栄（故人）が貴重な3点目をたたき出した。その後、1点差に詰め寄られたが、3―2のまま押し切って、ついに全国の頂点に立った。

2年生ながら攻撃陣の核となっていた山崎は「地元開催のプレッシャーはなく、むしろやってやろうという気持ちの方が強かった」という。やはり2年生で、後に日本代表入りする渡辺昭夫（故人）は、母校の創立60周年記念誌で「勝因は（中略）選手全員が『我』を殺してチームワークに徹したことだったと思われる」と、悲願の初Vを振り返っている。

当然のように優勝パレードが待っていた。準優勝の1年前は歩いてパレードしたが、今度はトラックに乗っての行進。花道も藤枝駅から母校まで、と延びていた。

藤枝東 ⑤

小宮山、長池 強豪へ導く

母校グラウンドに詰め掛けた地元市民の前で、初めて全国の頂点に立つと、選手たちは恩師の小宮山宏を感謝の思いを込めて高々と胴上げした。

小宮山は1928年（昭和3）、前身の旧制志太中に赴任、1932年からサッカー部を率いてきた。小宮山の歩みはサッカー部の歴史そのものでもあった。剣道出身とあって技術面の指導はサッカー部OBの支援も受けたが、心をとらえた采配で部全体を見事に掌握していた。

藤枝東の元教師で、小宮山をよく知る松村八十治（藤枝市在住）は「何事も率先垂範、実践の人。小宮山先生抜きに藤枝東のサッカーを語ることはできない」と語る。

小宮山は後に川根高校長などを歴任し、1994年（平成6）、89歳で他界した。

国体を制覇した翌年の1958年、藤枝東に26歳の国語教師がやって来た。長池実である。

長池は東京都出身。東京教育大（現・筑波大）を出て、4年間、静岡高の教壇に立ったあと藤枝東に赴任。部長に回った小宮山から監督を引き継ぎ、強豪としての地位を確立させた。

理論派でならした長池。その指導は基本にこだわり、あわせて徹底して技術を追究した。「実に研究熱心。常に勉強していた」。3校目の赴任先である浜松商時代に病魔に冒され、1987年春、55年の生涯を終えた時、藤枝東時代をよく知る人たちは、こんな言葉で労をねぎらった。

選手権4回、総体2回、国体1回、合わせて7回、藤枝東を全国制覇に導き、同校だけでなく静岡県のサッカーをけん引した長池だが、本県とは思わぬ形で結びついた。

しずおかの高校サッカー 戦後の球跡　藤枝東 ⑤

1978年夏、藤枝東は6年ぶりに高校総体に出場した。この年の春、総体が行われた福島県に応援に駆け付けた長池は、浜松商に転出した長池は、感慨深げな表情をにじませました。

大学卒業を控え、福島県での教員採用が決まっていた長池は、赴任予定先の高校に下見に出かけた。ところが、サッカーゴールがどこにも見当たらない。ショックを受けた長池は、福島県教委に即、断りを入れた。もし、ゴールがあったら——との問いに、ぽつりと応じた。「福島でサッカーを教えていたろうね」。

翌年春、長池は最初の赴任校である静岡高のグラウンドに立っていた。

1957年の静岡国体で頂点に立ち、感激をかみしめる小宮山宏（右）

1971年の高校総体で優勝し、胴上げされる長池実＝徳島県

⑥ 藤枝東

屈辱乗り越え国体4強

 国体制覇をきっかけに、藤枝東は上昇気流に乗った。

 全国選手権は初出場した1955年度以来、連続出場を続けるだけでなく、1956年度から1960年度までの5年間、ベスト4が3回、ベスト8が2回と常に上位に進出した。国体も1959年には3位に食い込んで、歴代優勝校にふさわしい実績を残した。

 しかし1961年度を迎え、上昇階段を上る歩みにブレーキが掛かった。

 5月の県スポーツ祭は順当に勝ち上がり、決勝で藤枝北と対戦した。全国総体開始5年前で、現在、5月を中心に行われている総体県予選はなく、スポーツ祭の注目度は高かった。

 "春の覇者"をかけた一戦で、好敵手・藤枝北に0－7とよもやの大敗を喫した。この年の藤枝北は実力派をそろえていた。とはいえ、全国的強豪としての地位を固めつつある藤枝東にとっては、あまりにも衝撃的な敗戦だった。

 藤枝東のサッカー部OB名簿に掲載されている1961年度の卒業生は、わずかに2人。3年生の1人だった滝本義三郎（焼津市在住）によると「3年生が2人だけだったこともあり、史上最弱とさえ言われた」。その上、ライバルの藤枝北に大敗を喫したとあって周囲の目は厳しく、2年生の山口芳忠（東京都世田谷区在住）でさえ、「街

秋田国体登録メンバー		
GK	義臣　薫司	広夫
FB	勝　義　清　公　凱	義三郎　志彦　幸　勉　弘
HB	新井　小富内　菊	勝　義　洋　芳　直
FW	村沢　林沢　藤川　原本　桑滝	義　清　勝　藤　安
補	新井　小富内　菊	山　井　福　神　石

32

しずおかの高校サッカー　藤枝東⑥
戦後の球跡

秋田国体での記念撮影。前列左端が富沢、中央が滝本の2人の3年生

を歩けなかった」ほどだった。最弱と酷評されたチームだが、そのまま沈み込んでしまうことはなかった。夏休み期間中、安藤錠（現・林、愛知県春日井市在住）らOBが駆けつけて熱血指導。主将の富沢清司（焼津市在住）は「何とかしなければ」との強い思いから、滝本との二人三脚で若いチームをまとめ上げた。

3年生の一人、富沢は後に日本代表入りし、後輩の山口とともに東京、メキシコ両五輪に出場。もう一人の滝本は中学教師の道を選び、地域からサッカーを支えた。

秋になると、チームは生まれ変わっていた。国体予選決勝で再び対戦した藤枝北に、今度は1―3で逆転勝ち。秋田で行われた国体本番は準決勝まで駒を進め、全国上位常連校の意地をみせた。

全国選手権も県を勝ち抜き、本大会連続出場記録を7に伸ばした。本大会は1回戦で甲賀（滋賀、現・水口）に2―3で敗れ不本意な結果に終わった。だが、春に屈辱を味わいながらも夏以降、躍進をみせたことが、翌年度の大飛躍につながっていく。

選手権、念願の県勢初V

藤枝東 ⑦

初戦敗退の無念さを存分に味わった選手たちの大半は1、2年生。選手権こそ早々に姿を消したが、国体は4強入りした実績があった。だからこそ、再浮上への手応えも感じ取って、新チームはスタートした。

東京、メキシコ両五輪代表の山口芳忠、五輪には出場しなかったが、やはり日本代表に選ばれた桑原勝義（浜松市在住）と菊川凱夫（福岡市在住）、メンバーは実力派ぞろいだった。

迎えた1962年度、チームは快調に歩を進めた。しかし、岡山県で開かれた国体は、準決勝で優勝した浦和市立（埼玉、現・さいたま市立浦和）に抽選負けした。勝運なく決勝進出を逃したとはいえ、優勝校に一歩も引けを取らなかったことから、その後の戦いに向け自信をつかんでいた。

全国選手権の県予選を順当に勝ち抜き、本大会に突入しても「負ける気がしなかった」（桑原）という。その言葉通り、1回戦は徳島商（徳島）に5−0、2回戦は松山北（愛媛）に6−0で圧勝した。

松山北戦はGKの新村勝義が風邪でダウン。代わってFWの菊川がゴールを守った。周囲の不安をよそに、菊川が動ずることなく「シュートが飛んでこなかったから」と完封劇に一役買った。準々決勝も韮崎（山梨）を3−1と圧倒。準

1962年度全国選手権 決勝先発メンバー

GK	新井	義臣薫
FB	村沢	勝義忠広
	新井	小林忠彦
HB		萩原藤勉
		内戸原義志夫
HB		神原勝洋
		桑原藤川凱芳
FW		安川口邦
		菊山沢
		井

34

しずおかの高校サッカー　藤枝東 ⑦
戦後の球跡

決勝は明星（大阪）に先手を取られながらも、菊川のヘディングシュートで追い付くと、山口、桑原が追い打ちをかけ3—1で決勝に駒を進めた。

決勝で待ち受けていたのは、国体準決勝で抽選敗けした浦和市立だった。雪辱の意気に燃えてピッチに飛び出したが、浦和市立の分厚い攻めに押し込まれ、防戦に追われた。しかし、後半3分にPKを得ると、井沢邦彦（愛知県刈谷市在住）ががっちり決めて先制。この1点を気迫の守りでしのぎ切った。

最大のピンチは後半29分。後に日本代表入りする浦和市立・山田弘（現・落合）のシュートは、前線で山口らが「やられた」と頭を抱えた一撃だったが、GK新村の超美技で窮地を脱した。

悲願の選手権県勢初制覇。勝利が決まると、主将の内藤公広（故人）ら選手たちは誰もが号泣し、喜びを素直に表現した。

全国選手権初制覇で感涙にむせぶ選手たち＝西宮球技場

⚽8 藤枝東

延長で強さ、選手権制覇

　1963年度、藤枝東の最大目標は冬の全国選手権2連覇だった。といっても、前年度のVメンバーから、主力8人がごっそり抜け、新チームは前途多難を思わせた。

　ところが、主将を務めた井沢義臣（愛知県岡崎市在住）に「不安はなかった」という。「厳しい練習に打ち込んでいたから」が、その理由だった。厳しく、中身の濃い練習がチーム力の裏付けになっていた。

　井沢以下、菊川、神戸勉（千葉県市川市在住）、石田直弘の4人の3年生を要所に配したチームは、まず国体に挑んだ。予選を突破して臨んだ山口での本大会。順当に勝ち進むと、準決勝で浦和市立と対戦した。前年度の岡山国体準決勝と選手権決勝で顔を合わせ、国体は抽選負け、選手権は1−0で競り勝った相手。山口国体での対決は1−2の惜敗だった。しかし、1年前は敗れながらも好敵手と対等に渡り合ったことが選手権への自信を生んだように、惜敗の中にも冬連覇への手応えはつかんでいた。

　だが、選手権V2への道は平たんではなかった。県予選準決勝は藤枝北に先手を取られ、終盤、何とか追い付いて1−1で抽選に。ここで主将の井沢が手にしたカードに「次の試合に進む」の文字があった。気迫のプレーでならした菊川だが、「この時ばかりは怖くて読めなかった」と当時を

1963年度全国選手権決勝先発メンバー

GK	保 博 敏 雄
FB	岡 藤 畑 修 男 正 右 義 弘 直 勉 実 治
HB	吉 佐 大 祥 凱 井 施 布 善 田 石 田 水 下 戸 清
FW	川 菊 神 井 碓

36

しずおかの高校サッカー
戦後の球跡　藤枝東⑧

2年連続の全国選手権市中Vパレード

振り返る。
年が明けた1964年正月の本大会。2回戦は神戸の30メートルの決勝弾で中津南（大分）に逆転勝ちし、準決勝は延長後半終了寸前、利き足が右の石田が左足で放った一撃がゴールをとらえ、豊田西（愛知）を振り切った。

決勝は後にメキシコ五輪に出場した湯口栄蔵擁する明星（大阪）が相手だった。試合は互角の展開だったが、0-0で突入した延長後半直後、菊川の右折り返しを神戸が「後ろにいると信じて」スルーすると、読み通りに走り込んだ清水祥右（藤枝市在住）が決めて先制。6分には菊川のヘッドシュートでとどめを刺して、連覇を達成した。

V2の決め手になったのは、延長に入った後の強さだった。夏場のトレーニングで、入れ替え自由の先輩チーム相手に、90分ハーフの試合をこなしてきた「厳しい練習」（井沢）がひのき舞台で真価を発揮、最後まで技も運動量も落ちることなく、再び優勝旗を持ち帰った。

37

藤枝東 ⑨ 晴れの国体で強豪の壁

中等学校時代の1918年（大正7）1月に始まった全国選手権で御影師範（兵庫）がいきなり7連覇したが、その後の連勝記録は2止まりだ。東京五輪に沸いた1964年度（昭和39）、藤枝東には御影師範を除けば初となる「選手権3連覇」の期待が掛かっていた。

前年度のV2戦士から主力4人が抜けたが、主将の布施基雄（東京都葛飾区在住）ら3年生組に、2年生、さらに生きのいい1年生を加えたメンバーはバランスが取れ、評価は高かった。だが、その分、選手たちにとってはプレッシャーの中でのシーズンインとなった。

10月の五輪を控え、国体は異例の6月開催。

これに伴い、県予選は4月に行われた。このため、各校ともチームづくり途上で、覇権争いは混とんとした。それでも藤枝東は地力を発揮して決勝に進出、もう一方は静岡工が勝ち上がった。

代表の座を賭けた戦いは互いに譲らず、0－0で引き分け再試合。再戦も2－2で再延長にもつれ込んだが、終了直前、藤枝東は谷沢仙夫男（藤枝市在住）の左センタリングを受けた下田実男（藤枝市在住）のダイビングヘッドで熱戦を制した。

国体は新潟が舞台だった。選手権2連覇後の全国登場とあって注目を集めたが、重圧をはねのけて7年ぶりに決勝に進出した。相手は冬の

新潟国体先発メンバー

GK	博 修 宏	雄 敏 男
FB	保 岡 吉	喜 祥 正 久 実 基	右 昭 祥 治 仙 善 雄 夫 昭
HB	藤 原 施 佐 布 萩	施 畑 布 田 大 水 下 木 清
FW		碓 鈴 沢

しずおかの高校サッカー　藤枝東 ⑨
戦後の球跡

選手権決勝で相まみえた明星（大阪）だった。前半、下田のCKを生かしてゴールイン。ところが、オフサイドの判定でノーゴールとなった。この場面に絡んだ鈴木昭雄（藤枝市在住）は「CKなのになぜオフサイドと思った」という。勝運にも見放された藤枝東は、このあとペースも乱して2失点、0－2で頂上決戦を落とした。

次の戦いは選手権。県予選は五輪後の11月から12月に行われた。藤枝東にとって、選手権はV3とともに、10年連続出場が掛かっていた。

順当に勝ち進んで藤枝北と対戦した決勝。必勝に意気に燃えていたが気持ちが空回りし、苦戦を強いられた。0－0で迎えた後半30分、最大の窮地に見舞われたが、GK吉岡保博（埼玉県越谷市在住）が超美技を披露した。

延長終了寸前、交代出場した1年生の松永章（東京都府中市在住）の決勝弾が飛び出して、10年連続出場を達成した。谷沢は「これで先輩たちに顔向けができる」と胸をなで下ろしたことを覚えている。

1964年の東京五輪で晴れの聖火リレーメンバーに選ばれる

⑩ 藤枝東

3連覇の夢 抽選で散る

全国選手権10年連続出場を達成した藤枝東は「3連覇」を目指し、1965年正月の本大会に挑んだ。

当然のように注目度は高く、優勝候補の一角に挙げられていた。選手たちも3連覇を意識して、初戦の上野工（三重）戦に臨んだ。プレッシャーの中での戦いとあってか、動きは重かった。それでも1―0で競り勝ち、2回戦も関学（兵庫）を1―0で退けて8強入りした。

準々決勝は鎌倉学園（神奈川）と対戦した。練習試合で4―0で圧勝していることもあって、立ち上がりから攻勢に出た。しかし、はるかに上回る決定機を生かせず、延長にもつれ込んだ末、2―2でタイムアップ。勝敗の行方は抽選にゆだねられることになった。

抽選に臨んだのは主将の布施。ジャンケン、コインと進み、手にした封筒で負けが決まると、ピッチに倒れ込み、泣き伏した。

1年からベンチ入りしていた下田は、恩師の長池に「3連覇なんて経験できるものじゃあない。頑張ってみろ」と言われ「その気になっていた」。だが、その思いはかなわず、V3は夢と消えた。

1965年度の藤枝東は一段と厳しい現実を突きつけられることになる。

新チームは萩原喜久雄、碓井善治、清水祥右（いずれも藤枝市在住）の前年からの主力トリオに

1965年度選手権予選
準決勝先発メンバー

GK	滝	広 利 章	男 章 諭 隆
FB	鈴 松	木 永	永 章 右 一 秋
HB	桑 萩 三	原 浦 塩	喜 孝 弘 祥 善 清	久 千
FW			碓 松 井

40

しずおかの高校サッカー 藤枝東⑩
戦後の球跡

全国選手権10年連続出場を果たし、布施主将を先頭に入場行進

県新人大会は藤枝北と優勝を分け合い、スポーツ祭で優勝と着実に再起への道を進んだ。ところが、国体予選は準決勝で藤枝北に0-2で屈した。

残る全国舞台は選手権。巻き返しに出たが、またも県予選準決勝で藤枝北に敗れた。試合は優位に進め、前半13分に碓井、後半17分に松永が決めて2-0とリードした。だが、攻撃の核の碓井が前半で負傷退場したことが響き、後半、リズムを崩して追い付かれ、延長の末、2-3で涙をのんだ。国体に続いて全国への道を断たれ「いまだに思い出すとつらい」と主将だった萩原。

敗戦の後、長池は「申し訳なかった。勝てると思っていた」と教え子たちの前で頭を下げ「来年、絶対に雪辱する」と誓った。翌年度、その言葉は現実のものとなる。

加え、松永章、桑原隆（さいたま市在住）、岡村新太郎（横浜市在住）ら2年生勢に力のある顔ぶれがそろっていた。

41

藤枝東 ⑪ 復活遂げ総体初代王者

1965年度、国体、選手権ともに全国への出場記録が途絶えた藤枝東だが、翌1966年度、鮮やかに復活して史上初の"三冠王"に輝く。

新チーム発足間もない1965年12月、冬休みに全国選手権出場校の室蘭工（南北海道）と対戦し、3−0と圧倒した。室蘭工は直後の正月の本大会で準々決勝まで勝ち進んでいる。練習試合とはいえ、選手権でのベスト8校を一蹴したとあって、左サイドバックの松永諭（愛知県刈谷市在住）は「やれるぞ」と、新たなシーズンへの自信をつかんだことを覚えている。全国選手権県予選準決勝で藤枝北に屈し、悔し涙に暮れてから一カ月。新主将の松永章以下、選手たちは復活に向け、確実な第一歩を踏み出したのだ。

冬の新人戦は藤枝北と優勝を分けたが、春のスポーツ祭を制して、6月の全国総体県予選に臨んだ。

全国総体は真夏の高校生のスポーツ祭典であり、サッカーも1966年度から仲間入りした。この結果、秋の国体、冬の選手権に加え、真夏の総体が高校サッカーの三大タイトルとなった。ただし、国体が1970年度から都道府県ごとの選抜制に変更されたため、高校単独での3冠の機会は1969年度までの4年間でいったん途絶える。

だが、1990年度（平成2）に高校とクラ

1966年度 不動の先発メンバー

GK	滝 広	男夫
	山 利	諭司
FB	永 隆	司一
	松 貞	隆郎
HB	布 施	孝章
	大 畑	一太
	三 浦	郎秋
	桑 原	洋
FW	沼 野	一
	松 永	新
	岡 村	千
	井 沢	

42

しずおかの高校サッカー　藤枝東⑪
戦後の球跡

ブチームが同じ土俵で競う、高校にとっての三大タイトルが再現する。

さて、1966年度の藤枝東は三冠ロードを突き進んだ。まず、挑んだのは新設された全国総体。県予選を突破して会場地の青森県十和田市に乗り込むと、すべて完封勝ちして決勝に進出した。

相手は好敵手の浦和市立だったが、立ち上がりから主導権を握った。前半は決定機を逃したが、0－0で迎えた後半3分、右サイドを切り込んだ桑原の折り返しを松永章がスルー、これを井沢千秋（横浜市在住）が見事にとらえた。鮮やかな連係プレーで生み出した決勝点を、起点となった桑原は45年たった今でも「鮮明に覚えている」という。

「どれくらいやれるか、やってやろうじゃないか」と、大会に臨んだ岡村。揺るぎない強さで一冠目を手にし、岡村は「自分たちの力を確信した」

のだった。

一つ目のタイトルを手にした全国総体の開会式の入場行進

⑫ 藤枝東

際立つ強さ、初の三冠王

三冠ロードを進む藤枝東は、夏の総体で初代王者に輝き、1つ目のタイトルを獲得した。

次いで挑んだのは秋の大分国体制覇だった。

県予選は藤枝北、清水東、静岡工といったライバルに競り勝った。本大会は2回戦で盛岡商（岩手）に苦戦した。だが、延長の末、4－2で振り切って本来の姿に戻り、決勝に駒を進めた。

2つ目のVが懸かった一戦。相手は浦和南（埼玉）だった。前半は風上を利して攻め込んだ。7分、井沢千秋がFKを直接決めて先制。20、23分に沼野洋一郎（横浜市在住）が立て続けに加点した。後半は風下に回ったが、余裕ある試合運びをみせ、3－0で押し切った。

総体、国体と制し、残るは選手権。正月決戦はこの年度から都道府県予選がなくなり、総体と国体の上位校に、推薦出場の全国9地域代表を加えた16校で争われることになった。

「史上初の三冠王なるか」。注目を浴びながらの参戦だった。重圧の中での戦いとなったが、強さは揺るがず、決勝に進出した。

一方のヤグラからは秋田商（秋田）が勝ち上がった。1957年度に優勝実績のある名門校だが、この時ばかりは専守防衛に出た。藤枝東はこの戦法に手こずった。圧倒的優位に立ちながらもゴールを割れず、再延長の末、0－0の

三冠獲得の主要メンバー

男夫諭司司一隆章郎秋実洋二昇
広利 隆貞孝 洋一新雅順千
崎永施畑浦原野永村沢橋田沢松
滝山松布大三桑沼松岡井増成村

44

しずおかの高校サッカー　藤枝東⑫
戦後の球跡

ままタイムアップ。大会規定により、両校優勝となった。史上初の三冠王が誕生した。選手たちの顔は

三冠王に輝き、藤枝駅前での歓迎会に臨んだ選手たち。だが、表情は硬かった

涙で濡れた。が、「うれし涙ではなく悔し涙だった」と桑原。単独優勝できなかったゆえだった。

主将の松永章は「自分が決めて勝つつもりだったが」と今でも無念さをにじませる。

最後に単独優勝を逃したとはいえ、年間を通し強さは際立っていた。練習試合を含め71戦して68勝3分け。1年間負けを知らなかった。

個性派ぞろいのメンバーだった。顧問として監督の長池を補佐していた塩沢伸介（静岡市駿河区在住）によれば「よく言い合いをしていた」という。しかし、2年生GKの滝広男（静岡市駿河区在住）以外は、気心の知れた3年生ばかり。試合になると、後に日本代表入りし、ストライカーとして活躍する松永章中心に、見事にまとまった。技術に加え、チームワークが三冠獲得の原動力だった。

藤枝東 ⑬

「三冠」後に雌伏の日々

総体、国体、選手権を制した、史上初の三冠チームからバトンを受け、1967年度の新生藤枝東がスタートした。

三冠王に輝いたチームは、2年生だったGK滝広男（静岡市駿河区在住）を除けば、オール3年生の不動の布陣で栄光のシーズンを戦い抜いた。このため、後を受けた新チームのメンバーは滝以外、実戦経験を積むことはほとんどなかった。

実践不足の新布陣とあって、周囲の目には「谷間のチーム」と映った。だが、三冠チームの練習相手を務めても「大負けはしなかった」ことから、主将を引き受けた永井忠史（焼津市在住）は酷評されながらも、新チームに手応えを感じ取っていたという。しかし、厳しい現実が待っていた。

夏の全国総体は、前年優勝校に与えられた推薦枠で出場権を得て、県予選を勝ち抜いた清水東とともに福井県で行われた本大会に臨んだ。注目の中、初戦（2回戦）は突破したが、3回戦で韮崎（山梨）に屈した。開始直後の失点を跳ね返せず、0—1の惜敗だった。

秋の国体予選は得失点差でわずかに及ばず、4強で争った決勝リーグを抜け出せなかった。前年度から推薦制を採用した冬の選手権。静岡県勢はいずれも選考から漏れ、正月の舞台を踏めなかった。

福井総体3回戦 対 韮崎 先発メンバー	
GK	滝 広男
FB	堀 一則荘 近藤 則史
HB	梅原 泰二男 永井 忠順司 成井 教男 竹沢 喜樹 増内 茂隆
FW	小田 長章 岸 谷 村 松

46

しずおかの高校サッカー 戦後の球跡　藤枝東⑬

偉大なチームからバトンを受け、「何とかしたかった」とFBだった長谷川二三（藤枝市在住）だが、その思いは届かず、推薦による総体出場にとどまった。藤枝東の創立60周年記念誌「サッカー六十年のあゆみ」は、1967年度を「雌伏の日々」と受け止めている。

翌1968年度、富沢清司、山口芳忠の2人の藤枝東OBも参加したメキシコ五輪で、日本のサッカーは銅メダル獲得の快挙をやってのける。

この年度の藤枝東は、再浮上が大命題だった。雌伏の日々からの脱却を期して、早朝練習に取り組んだ。「朝用と昼用の弁当を持って朝練に出かけた」とCFで、後にヤマハ発動機監督を務めた小長谷喜久男（袋井市在住）。

こうして挑んだ総体県予選。決勝で清水南に1-0で競り勝ち、自力で福井県で行われた本大会行きを決めた。

総体に続いて国体も県予選を突破、選手権も推薦で出場権を獲得した。3大大会全て全国のピッチに立ったが、再浮上への道は険しかった。

推薦枠で出場した福井総体の入場行進

⑭ 藤枝東

全国の壁 再浮上ならず

　1968年度の藤枝東は再浮上を図るべく、まず広島で行われた全国総体に乗り込んだ。

　1回戦は岩見沢東（北海道）を5―1と圧倒した。巻き返しへ上々のスタート、とみえたが、2回戦の初芝（大阪）でつまずいた。前半5分、村松章隆（藤枝市在住）が決めて早々と先手を取りながら、逆にペースを握られ、1―2で逆転負けを喫した。

　次いで挑んだ福井国体。今度は1回戦で宇都宮学園（栃木、現・文星芸大付）に、0―1で競り負けた。CHだった梅原泰則（茨城県古河市在住）は足のけがを押して強行出場した。終盤、痛み止めが切れて満足に動けず、

眼前の選手に決勝弾を決められて「歯がゆい思いでいっぱいだった」と振り返った。

　推薦出場した選手権は、再浮上への最後の機会だった。しかし、3回戦で遠野（岩手）に空中戦でことごとく競り負け、0―5で敗れ去った。屈辱の大敗に「えー、（まさか）と思った」と小長谷。

　3大大会に出場した。だが、いずれも早い段階で敗退し、再浮上を期したシーズンは低空飛行のまま、幕を閉じた。

　翌1969年度、新3年生は5人と少なく、その一人の山内清徳（藤枝市在住）は「危機感

を持って臨んだ」という。

**1968年度福井国体
登録メンバー**

夫徳俊則司光之真男
昭清秀泰博朝博
石内島原川本谷
大山向梅白宮岸
夫隆治夫夫男
久俊章弘幸秀
谷本松谷崎田
小山村渋服山柳

48

しずおかの高校サッカー 藤枝東⑭
戦後の球跡

試合前、長池監督（手前、故人）から指示を受ける選手たち

総体は清水商に代表の座を譲ったが、国体は県予選2回戦で清水商に逆転勝ちすると、そのまま勝ち抜いて長崎県での本大会に駒を進めた。

次年度から選抜制に切り替わることが決まっていたことから、単独校最後の国体王者を目指した。3回戦で宇都宮工（栃木）に苦戦したが、ベスト4まで勝ち上がり、準決勝で浦和南（埼玉）と対戦した。

この年度の浦和南は、永井良和（後の日本代表）を擁し、漫画「赤き血のイレブン」のモデルになった強力チームだった。この浦和南との一戦は、序盤にあった2度の決定機を逃したのが響き、0－2で敗れた。だが、ここで「このままでは帰れない」と奮起。順位決定戦で韮崎（山梨）を4－2で下し、3位の座を確保した。

意地でつかんだ国体3位は冬の選手権につながり、初陣ながら総体で準優勝した清水商とともに、正月決戦に推薦出場した。しかし、ここでは2回戦で初芝（大阪）に0－2で屈し、あらためて全国の壁の厚さを痛感させられる。

藤枝東 ⑮ 同県決勝制し4度目V

史上初の三冠王に輝いた1966年度以降、低空飛行が続いていた藤枝東だったが、1970年度に再び光彩を放つ。

1969年度全国選手権（1970年正月開催）の2回戦敗退直後の県新人大会を制したのが、巻き返しへの第一歩だった。その歩みは、春休みに藤枝市で開催された高校フェスティバルで、さらに確実なものになる。

各地に先駆けて始まったフェスティバルには、全国の強豪が集まった。ここで、浦和南（埼玉）と対戦し、勝利を収めた。浦和南は前年度の三冠王。メンバーは入れ替わったとはいえ、三冠チームを破ったことで「やれるぞ、と自信をつかんだ」と主将を務め、後に母校を率いる鎌田昌治（静岡中央教）。

主将の言葉を裏付けるように勝ち星を重ねた。練習試合を含め、66勝4分け2敗。年間を通し黒星はわずか2つだが、このうちの1つが総体県予選準決勝の清水東戦だった。倒し続けながらも0−1で敗れ、全国総体への道を遮断された。痛恨の黒星を、FWの堀井美晴（兵庫県宝塚市在住）は「隙があったから」と受け止め、「この負けがその後につながった」とみる。

国体が選抜制となったため、単独校で臨む次の全国舞台は正月の選手権。気を引き締め直して県、東海予選を勝ち抜き、本大会に名乗りを

浜名との同県決勝 先発メンバー

GK	一男郎 田隆 増柳
	治夫 井金 滝田
FB	義仁 田敏 池柳
	稔 木潤 原滝
HB	行 原活 福
	晴男 馬正 相岩
FW	田博 碓
	井美 堀
	畑行 大

しずおかの高校サッカー
戦後の球跡　　藤枝東⑮

上げた。本県からもう1校、浜名が出場した。浜名は全国総体で初出場初優勝の快挙をやってのけ、夏の王者としての推薦出場だった。

両校が勝ち上がれば、戦後初の同県校同士の決勝対決となる。注目の中、両校は順調に勝ち進み、夢の対決が実現した。

高校王者を賭けた同県勢対決は1971年1月7日、西宮球技場で行われた。この年の大会は雪に見舞われ、ピッチ状態は不良だった。決勝前日のミーティングで、監督の長池は「四隅は状態はいいから、そこを使え」と指示した。スイーパーだった池田潤治（藤枝市在住）は、この指示をしっかりと記憶している。

指揮官の指示は的確だった。四隅に持ち込めば、持ち前の技が鈍ることはなかった。状態がいいコーナーからの攻めで浜名の堅陣を崩し、3－1で同県勢による決勝対決を制した。4年ぶり4度目の選手権制覇だった。

浜名の存在も光り、本県の高校サッカーが大いに輝いた大会でもあった。

藤枝東が初の同県決勝を制した戦いを伝える静岡新聞（1971年1月8日付）

⑯ 藤枝東

総体Vチームに県の壁

本県の高校サッカー全盛時代、よく耳にした。「全国で勝つより静岡の方が難しい」と。1971年度の藤枝東も、そんな言葉を身をもって味わったのではないだろうか。

新チームは、まず県新人大会で優勝した。だが、スポーツ祭は準々決勝で浜名に競り負け、総体県予選は決勝で清水東に苦しめられた。

全国行きを懸けた戦いは、立ち上がりから清水東の出足に圧倒された。前半終了寸前に先手を取ったものの、後半5分に追い付かれた。その後も守勢は変わらなかったが、残り5分前の岡本勇（焼津中央教）の決勝弾で辛うじて県を制した。

徳島で行われた全国総体は、順当に勝ち上がって4強入りし、準決勝で浦和市立と対戦した。事実上の決勝戦と目された一戦は、1―1で延長にもつれ込んだが、前半8分、1年生中村一義（富士通）が決勝をたたき出した。

広島工（広島）を相手にした決勝は、終始、余裕を持って戦い、3―0で快勝した。シュート数は16―1。GKの石神隆（現・大沢、本田技研）は「ボールにさわった記憶はなく、暇だった」ことが脳裏に残っている。

5年ぶり2度目の全国総体制覇。他を寄せ付けない戦いぶりは高い評価を得たが、大沢は「県の方が大変だった」との印象が強かったという。

1971年度高校総体 決勝先発メンバー	
GK	隆司郎
FB	要敏洋 明伸二 石岩滝内池 神田井藤谷 勇行男 貫利英博行
HB	中滝村 松本井 岡畑
FW	碓大

しずおかの高校サッカー 戦後の球跡　藤枝東 ⑯

1971年度全国総体の入場行進＝徳島市

　後に日本代表でも点取り屋として活躍する碓井博行（ピュアネスサッカースクールマスター）、それに主将の滝井敏郎（東学大教授）、大畑行男（藤枝市在住）ら前年度から主力だった3年生を軸に、実力派で固めた布陣は攻守に隙がなかった。当然のように、選手権も全国Vの期待が高まった。

　しかし、県予選の壁は厚かった。予選は1、2次トーナメントを経て藤枝東、清水商、浜名、藤枝北が決勝リーグに進出した。決勝リーグでの藤枝東は1勝2分け、勝ち点4で戦い終え、浜名が勝ち点3にとどまったため、残る清水商（勝ち点2）―藤枝北（同1）戦の結果を待った。清水商は勝てば勝ち点4となるが、藤枝東は得失点差で5の大差を付けていた。全国行き間違いなし―。そう確信しながらロッカールームで着替えをする選手たちの耳に、大歓声が届いた。清水商が何と7―0で大勝したのだ。

　藤枝東は土壇場で優勝を逃し、県を勝ち抜くことの厳しさを実感する。

藤枝東 ⑰

判定に泣き連続準優勝

微妙な判定に泣くのも、勝負の世界の現実である。1972年度と1973年度の藤枝東は、この現実に直面し、2年続けて頂上決戦を落とす。

まず1972年度。山形県で行われた全国総体に前年度優勝校枠で推薦出場し、連覇を目指した。しかし、秋田商（秋田）との準決勝で、2点のリードを守り切れず、延長の末、2―3で逆転負けして連続優勝を逃した。

総体準決勝でよもやの逆転負けを喫し、出直しを図るべく全国選手権に挑んだ。激戦の県予選を突破して臨んだ本大会は、準決勝で関西大倉（大阪）に苦戦したものの、決勝に駒を進めた。

決勝は浦和市立と対戦した。激しい雨でピッチ状態は不良、技のチームには不利と思われたが、押し気味に展開した。先手こそ取られたものの、0―1で迎えた後半38分、1年生で後に母校を率いる服部康雄（県教委）のヘッドシュートで延長に持ち込んだ。

延長も攻勢だったが、思わぬ展開が待っていた。前半7分、後方からのロングボールに相手のFW、清水秀彦（後の横浜Mなど監督）が鋭く反応したが、一瞬、藤枝東最終ラインの動きが止まった。オフサイドと判断したからだった。「明

1972年度 全国選手権 先発メンバー		
GK	向島洋一郎	
FB	岩田	要司
	内藤	洋介
	平木	理彦
	鈴木	洋一
HB	村松	英伸
	滝	利明
	小川	和実
	服部	康雄
FW	中村	一義
	岡本	勇

1973年度 全国選手権 先発メンバー		
GK	植田	智
FB	大石	邦夫
	小沢	信吾
	山田	昌志
	平木	理彦
HB	小川	和実
	内藤	洋介
	植田祐一郎	
	服部	康雄
FW	中村	一義
	早川	貞裕

しずおかの高校サッカー 戦後の球跡　藤枝東⑰

らかに体一つ出ていた」と、FBで主将の岩田要司（静清高教頭）。

だが、副審の旗は上がらず、独走した清水に難なくゴールにけり込まれました。これが決勝点だった。

次いで1973年度。全国総体出場は逃したが、その分、全国選手権に注ぐ思いは熱かった。主将で、後に藤枝市議会議長を務めた内藤洋介（藤枝市在住）によると、「勝たなければならなかった」との思いが強く、使命感を持って県予選を勝ち抜き、正月本番のピッチを踏んだ。

実力は折り紙付き。前評判通りの戦いぶりで決勝に進出、北陽（大阪）と顔を合わせた。

開始早々、内藤のシュートで先制しながら逆転され、1－2で迎えた後半18分。攻め上がった内藤のシュートのこぼれ球を中村一義が押し込んだ。「同点だ！」。応援席は歓喜したが、オフサイドの笛が鳴った。大会後もしばらく物議を醸した判定だった。

高校在学中に日本代表入りしたほどの逸材だった中村。今は「オフサイドもサッカー」と冷静だが、同点機を逸し2年連続準Vに終わったとあって、当時は「審判を恨んだ」と明かした。

1973年度全国選手権決勝、中村一義の〝幻のゴール〟
＝大阪・長居競技場

⑱ 藤枝東

速さ生かして全国4強

　1978年度、藤枝東は大きな転機を迎える。20年間、指揮を執り、全国屈指の強豪に導いた長池が浜松商に転出したのだ。後任監督には教師4年目、25歳の鎌田昌治が就任した。長池の教え子で、1970年度の全国選手権決勝で浜名との"同県対決"を制したチームの主将である。藤枝東は若々しい指揮官の下で、新たなスタートを切った。

　新監督に率いられたチームは県総体でいきなり結果を出し、全国行きの切符を獲得する。全国総体出場は6年ぶりだった。「いい選手がそろい、優勝も狙えるチーム」と鎌田はみていた。その言葉を裏付けるように、GK

の菅藤昌則（藤枝市役所）ら4人を国体県選抜に送り出している。しかし、福島での本大会は3回戦で佐賀商（佐賀）に延長の末、PK負けを喫した。

　翌1979年度、6年ぶりに選手権で全国行きを決めるが、1回戦で敗退。1982年度は4年ぶりに全国総体に駒を進めるものの、3回戦で姿を消し、全国舞台での存在感はすっかり希薄になっていた。

　だが1984年度、全国選手権のピッチで再び躍動する。

　当時、県内の高校サッカー勢力図の中心は清水勢で塗り固められていた。「清水に勝つには」。

1984年度全国選手権 先発メンバー		
GK	岩ケ谷	史豊忠吾一紀央也 剛史豊
DF	山口村村井田村本辺山林	佳昭健光明哲雅
MF	北松桜植山柳渡中紅	
FW		

56

しずおかの高校サッカー 藤枝東⑱
戦後の球跡

1984年度全国選手権県予選を制し、表彰式後の記念撮影
=県営草薙球技場

思案する指揮官の鎌田が導き出した答えは「前線のスピードを生かすこと」だった。

右から渡辺剛（藤枝市役所）、中山雅史（J札幌）、紅林豊（藤枝市役所）と並ぶ3トップは俊足が売り。従来のつなぐサッカーのイメージから掛け離れ、「藤枝東らしくない」と評されながらも、FWトリオの速さを生かす戦法に徹した。

清水勢の一角、東海大一と対戦した秋の県予選決勝の先制点は、3トップを生かす作戦が生み出したものだった。後方からのパスを受けた中山が一気にゴールを奪い、劣勢だった流れを変えて、勝利を引き寄せた。

正月の本大会も持ち味を生かした攻めで準決勝に勝ち上がった。準決勝は再三の決定機を逃し、PK戦で島原商（長崎）に屈しはしたが、11年ぶりの上位進出である。

新チーム発足直後は県内でも苦戦し、新人戦は県大会初戦で敗れ去った。このため「目の前の試合にだけ集中してきた」と主将の植田光紀（中部電力）。常に全力投球し、戦い抜いた答えが全国4強だった。

藤枝東 ⑲ 21年ぶり全国タイトル

1980年度を境に県内の高校サッカーは「清水の時代」に突入、かつて主役を張った藤枝東も、4強入りした1984年度の全国選手権を除けば、脇役生活を余儀なくされた。

そんな流れの中で迎えた1992年度(平成4)、藤枝東は再び浮上する。1990年度にスタートした、クラブと高校が同じピッチで競う合う全日本ユース(U-18)がその舞台だった。

1992年度の総体県予選。決勝に駒を進めながら、清水勢の清水東に屈する。だが、直後の東海総体を制し、全日本ユースへの出場権を獲得した。当時は、ブロック総体が高校部門の地域予選を兼ねていたのだ。

指揮官は前任の鎌田から、やはり故・長池実門下生の長谷川二三に代わっていた。全日本ユースは藤枝東に取り、久々のひのき舞台。長谷川は、"打倒クラブ"を体現する場と受け止めていた。

主将の秋定実(東京都港区在住)ら3年生に、太田渉(藤枝市在住)、山田暢久(J浦和)、吉野友三(藤枝東監督)ら有力2年生を加えた布陣はバランスが取れ、決勝に進出した。相手はクラブの雄の読売ク(東京)だったが、持ち前の攻撃力で圧倒。1年生の急増FW、小山淳(藤枝MYFC代表)の2得点がものをいい、3-1

1992年度 全日本ユース決勝 先発メンバー		
GK	高橋	卓士
DF	亀窪	慎太郎
	八木	吉幸
	吉野	友三
	秋定	実
MF	石垣	知広
	新沼	潤
	山田	暢久
	小黒	祐輔
FW	安藤	達也
	小山	淳

1997年度 全国選手権準決勝 先発メンバー		
GK	大塚	智紀
DF	鷲巣	延圭
	小沢	征敏
	横山	健二
	石川	竜也
MF	小杉	哲也
	土屋	悠哉
	佐賀	一平
	青島	晶
FW	藤浦	康二
	河村	優

しずおかの高校サッカー 戦後の球跡
藤枝東⑲

で勝利を収めて、1971年度の総体以来、21年ぶりに全国の頂点に立った。

全日本ユースは翌1993年度も出場するが、2回戦で敗退。このあと、全国舞台から姿を消していたが、1997年度の全国選手権でよみがえる。

監督は服部康雄。前任者2人と同様、長池門下生である。指揮を執って3年目、追求するのは技を生かした攻めのサッカーだった。

県予選決勝で静岡学園との攻め合いを制し、13ぶりに踏んだ本大会のピッチでも、攻撃力を前面に出してベスト4に勝ち上がった。佐賀一平、河村優(ともに元J札幌など)らが前線で奔放に動き、左サイドバックの石川竜也(J山形)でさえ「(攻め)上がることを意識していた」。

準決勝は帝京(東京)と対戦、立ち上がりから攻め込んだ。中盤を抑えて攻勢を貫き通し、シュートは相手の2倍の20本を数えた。だが、攻め切れず、逆に帝京に数少ないチャンスをものにされて、0—2で涙をのむ。

リスクを冒しても勝負を仕掛けた攻めのサッカーは、翌1998年度に結実することになる。

21年ぶりに全国を制した1992年度の全日本ユース。金メダルが胸に輝く=国立競技場

⑳ 藤枝東

選手権準V 国立藤色に

1998年度、藤枝東は攻めのサッカーを貫き、全日本ユース（U-18）で6年ぶり2度目の優勝を飾る。

メンバーの多くは、4強入りした前年度の全国選手権経験組。攻めのサッカーに磨きをかけて県総体を制し、16年ぶりに全国総体に名乗りを上げた。ところが、総体本番は1回戦で遠野（岩手）にPK負けを喫した。

よもやの初戦敗退だったが、直後の全日本ユースに尾を引くことはなかった。1回戦で再び遠野と、準決勝では前年度の選手権4強対決で敗れた帝京（東京）と対戦したが、それぞれ2ー0、4ー3で借りを返した。決勝はG大阪ユース（大阪）と対戦、シュート数24対21という激しい攻め合いを演じた。追う後半、佐賀、河村が立て続けに決めて3ー2で逆転勝ちした。最後まで攻め続け、リードされても「負ける気はしなかった」とは、主将鷲巣延圭（金谷高教）の試合後の弁。好セーブを連発したGK大塚智紀（藤枝中教）は、「守っていて楽しかった」と振り返った。

2001年度（平成13）の全国総体、2007年度の全国選手権でも決勝まで勝ち上がった。

2001年度の総体は長谷部誠（ウォルフスブ

	1998年度 全日本ユース決勝 先発メンバー		2007年度 全国選手権準決勝 先発メンバー	
GK	大塚	智紀	木村	誠志
DF	小長谷	太作	村松	大輔
	山田	憲司	小関	教平
	鷲巣	延圭	鳥羽	亮佑
	松浦	寿彰	藤田	息吹
MF	小杉	哲也	石神	行征
	土屋	悠哉	小林	勇輝
	太田	真嗣	平井	大樹
	佐賀	一平	河井	陽介
FW	河村	優	松田	純也
	片山	知昭	岡崎	太一

指揮を執る服部が追求する攻めのサッカーで。

しずおかの高校サッカー 藤枝東⑳
戦後の球跡

2007年度全国選手権決勝。国立競技場のスタンドは藤色に染まった

ルク）、岡田佑樹（J水戸）ら3年生と、成岡翔、岡田隆（ともにJ福岡）、大井健太郎（J新潟）といった力のある2年生を配した布陣で臨んだ。準決勝、準決勝と連続PK戦にもつれ込んだが、しぶとく切り抜け、決勝は市船橋（千葉）と対戦した。盛んに攻めを仕掛けた。しかし、逆に相手の効率のいい展開に守りを崩され、0－3で敗れる。

2007年度の選手権は河井陽介（J清水）を軸に、素早くつなぐサッカーで勝ち進んだ。決勝進出は34年ぶりとあって、国立競技場の大半は、藤色のマフラー軍団で埋まった。だが、いざ試合が始まると流通経大柏（千葉）の厳しさに圧倒された。0－4で屈し、準Vに終わったが、郷里に戻った選手たちを待っていたのは、沿道を埋め尽くした市民の歓迎だった。

準Vから3カ月、監督の服部は定期異動で県教委に転出、J磐田ユースなどで指導経験を持つ大石和孝（現・法大監督）が、後を引き継いだ。さらに2011年春、OBの吉野友三が新監督に就任、藤枝東の新たな挑戦が始まった。

61

清水東 ① 復活2年目で県を制す

本県を舞台にした1957年度（昭和32）の一巡目静岡国体で、藤枝東が県勢初の全国制覇を達成。1年後の1958年度、今度は清水東が富山国体で頂点に立つ。初出場初優勝の快挙だった。

サッカー部が産声を上げたのは、旧制庵原中時代の1928年度（昭和3）。だが、清水中に校名変更後の1943年度、第二次世界大戦のあおりを受け、活動停止を余儀なくされた。戦後の学制改革で1948年度に清水一高として新たなスタートを切り、翌年、現校名の「清水東高」となった。サッカー部が活動を再開したのは、新生・清水東発足2年後の1951年度。

復活後の初代監督を務めることになる福井半治（故人）の赴任がきっかけだった。福井は広島高等師範学校（現・広島大教育学部）出身。サッカー部主将の実績があり、前任校の静岡城内高（現・静岡高）を1950年度の全国選手権に導いたばかりだった。

そんな福井を、風間嘉明（静岡市清水区在住）、斉藤睦（現・小松崎、茨城県日立市在住）らの新2年生が訪れ、サッカー部再興への思いを熱く伝えた。1年前の新入学時、ハンドボールとサッカー部が一体になった「送蹴球部」の門をたたいたが、サッカーは休止状態のため、ボールを蹴る夢をかなえることができなかったからだ。

	1952年度国体県予選決勝メンバー	
GK	奥	英敏修孝
FB	大石	山石橋 清田 義岡 康月 嘉間 干岩 正内 章藤
HB	高平	望風 平山 斉大
FW		

62

しずおかの高校サッカー 清水東 ①
戦後の球跡

こうして、清水東サッカー部が新たなスタートを切った。新生チームは福井の指導を受けて急成長、復活2年目の1952年度には早くも国体県予選で決勝まで勝ち上がった。決勝の相手は、福井に率いられて前々年度の全国選手権に出場した静岡城内だった。

福井門下生対決ともいえる一戦は、いったん静岡城内が1―1に追い付いた。しかし、清水東は後半、風間の右CKが直接、ゴールをとらえ、2―1で先輩格の静岡城内に競り勝った。風間の決勝弾は左足で繰り出した一撃で、「両足で蹴れるように」と特訓に励んだたまものだった。

復活2年目で県を制した清水東だが、東海中部地区大会で上田松尾高（現・上田高、長野）に0―1で敗れ、本大会行きを逃した。県予選で前々年度選手権県代表の静岡城内を破った清水東にとっては、よもやの敗戦だった。そろって頭を丸め、髪の毛を会場地の韮崎高（山梨）のゴール下に埋めて帰ってきたという逸話を残した。

復活2年目、1952年度の3年生メンバー。後列左から3人目が恩師の福井半治

② 清水東

〝分厚い壁〟破り全国へ

　復活2年目の1952年度、早くも国体県予選で優勝した清水東は、その後も、国体、全国選手権の両県予選やスポーツ祭などで、常に上位に進出した。上位常連校の地位を確保した清水東だったが、その前に決まって立ちふさがる存在があった。藤枝東である。

　勝沢要（静岡市清水区在住）が主将としてチームを引っ張った1957年度も、藤枝東の分厚い壁に跳ね返された。国体予選は準決勝で対戦し0—2、選手権予選は決勝で顔を合わせ1—2で、ともに屈した。後に母校を率い、全国の頂点に立つ勝沢だが、高校時代から「打倒藤枝東」が一大目標だった。

　翌1958年度、勝沢らの無念の涙から一転、後輩たちが歓喜の涙を流す。分厚い壁を突き破って頂上を極めたのだ。

　夏休みに行われた国体予選。清水東は1年前と同様、準決勝で藤枝東と対戦した。清水東は先手を取られたものの、ひるむことなく戦い抜き、3—2で競り勝った。FBの栗田壌（故人）はサッカー部史「闘魂」に、打倒藤枝東達成の喜びを次のように記した。「ついにやった。常勝藤枝東を破った。（中略）夢がかなった私たちのチームは、（中略）無欲であり、恐れを知らない集団になっていた」と。

1958年度国体先発メンバー

GK	鈴木	劉	一史壌夫
FB	長栗	阪田	紘郁三
		鳥石	樹正
HB	白大柴	田藤田	篤道基吉
FW	町加杉佐	杉田山藤	明之一代隆

しずおかの高校サッカー 清水東②
戦後の球跡

1958年度の富山国体に出場した面々

恐れを知らない集団になった―というチームは、決勝で静岡高を2―1で倒し、東海ブロック予選も突破して、国体行きの切符を初めて手にした。部復活から8年目、悲願の全国大会初出場でもあった。

県内では上位常連校に成長したとはいえ、県外では無名の存在だった。1年生ながら、既に攻撃陣の核になっていた杉山隆一（後の日本代表、藤枝市在住）は遠征の際、「藤枝東は知ってるけど、清水東があるなんて知らなかった」と言われたことをよく覚えている。だが、国体本番の富山の地で、清水東は一躍、全国区に躍り出る。

といっても、その道のりは決して平たんではなかった。1回戦は甲賀（現・水口、滋賀）を5―1と圧倒したが、2回戦の日立一（茨城）、準々決勝の甲府商（山梨）はともに延長の末の粘り勝ちだった。それでも4強入りして再び、勢いを盛り返した。雨中の戦いとなった準決勝は、館林（群馬）を寄せ付けず、2―0のスコア以上の内容で勝利を収め、決勝に名乗りを上げた。

清水東 ③

「重馬場」走り抜き頂点

初出場初Vを懸けた戦いの相手は山陽（広島）。山陽は前年度の静岡国体決勝で藤枝東に敗れはしたが、全国大会で常に上位に顔を出す強豪校だった。富山国体でも前評判は高く、後の日本代表の宮本輝紀（故人）を軸に順当に勝ち上がってきた。

「サイゴ マデ ハシレ キリョクデ カテ！」。決勝前日、気持ちを鼓舞する電報が宿舎に届いた。文面の主は部育ての親である福井だった。福井は春の人事異動で県教委に転出していたが、教え子への思いは在任中と少しも変わらなかった。

試合は下馬評通り、山陽が優勢に進め、後半9分に先制する。しかし、清水東はひるむことなく、走り抜いた。19分、佐藤代吉（故人）の起死回生のシュートで追い付き、後半が終了した。

「その瞬間、思わず『しめた！』と心が躍った。と同時に『延長戦に入ったら絶対に勝てる！』と、体中がそれをハッキリと伝えてきた」。主将の白鳥郁夫（千葉県白井市在住）は、サッカー部史「闘魂」で当時の心境をこうつづっている。

思いは誰もが同じだった。延長前半4分、杉田基之（静岡市葵区在住）とのコンビプレーで加藤道明が決勝点をたたき出し、初出場でいきなり頂点に立つ快挙をやってのけた。

決勝のピッチは準決勝の館林（群馬）戦と同様、

富山国体登録メンバー

一史壌夫二保明之一吉祐廷夫
劉紘郁三正篤道基隆代偉昭
木阪田鳥石 田藤田山藤多辺村
鈴長栗白大柴町加杉杉
　　　 　 藤多辺
　　　　　 杉佐本磯杉

しずおかの高校サッカー　清水東①
戦後の球跡

泥田状態だった。だが、選手たちは苦にすることなく、むしろ伸び伸びと戦い抜いた。「ぬかるみは慣れていた。どんな雨の日でも練習を休まなかったから」と、監督の沢田真養（沼津市在住）。沢田は福井の県教委転出を受け、ベンチを預かっていた。

電車で決勝会場に向かった清水東の面々は、山陽と同じ車両に乗り合わせた。その時、「相手の表情が固かった」ことをFBの長阪紘史（静岡市清水区在住）は明確に記憶している。一方、清水東はどうだったか。「山陽には春の遠征で負けているので、負けてもともと。リラックスしていた」（長阪）。

前日、心に響く電報を受け、決戦の場は得手とする重馬場。さらに、リラックスしてピッチに立った清水東は、自ら勝利を引き寄せて頂点に立った。新指揮官の沢田はスコアブックの片隅に、全国制覇の感激を表現する文字をしたためた。「初出場優勝、感無量清水東高強し！」と。

初出場初優勝を達成して記念撮影。ユニホームの汚れが重馬場ピッチを物語る

④ 清水東

宿敵に雪辱 再び国体へ

　1959年度の清水東は、「弱い弱い」といわれながら、新チームがスタートした。国体で初出場初優勝の偉業をやってのけた前年度の主力が、ごっそり抜けたからだった。

　3年生は、杉田基之、本多偉祐（ともに静岡市葵区在住）ら5人だけ。その5人が「新しい伝統が出来たんだから力一杯取り組もうと、つぼみを開き始めた校庭の桜の下で確認し合った」(サッカー部史・闘魂、本多記)。

　目標は国体の2年連続出場だった。「弱い」と評されながらも、5人の3年生を軸に県予選に挑み、決勝に進出した。相手は藤枝東。前年度は準決勝で念願だった"打倒藤枝東"を達成し、勢いを駆って全国の頂点に立ったが、やはり宿敵の壁は厚かった。1－2で跳ね返され、連覇の夢を絶たれた。

　翌1960年度の国体県予選。今度は2年前と同様、準決勝で藤枝東と対戦した。主将で県予選はCHを務めた飯沼義男（静岡市清水区在住）は、監督の沢田から「中に残っていろ」との指示を受けて、忠実に実行した。勝敗の鍵を握るのは、いつの時代も中盤の攻防だ。

　気迫もみなぎ、打倒藤枝東に一丸となっていた。「みんな総毛立っていた」（飯沼）といい、2－0で勝利を収め1年前の借りを返した。

　再び分厚い壁を破った清水東は、決勝で浜松西

熊本国体先発メンバー	
GK	介良浩一
FB	祐匡宏男 中首山次海広忍
HB	村藤本嘉義四洋勝安隆 中池上沼
FW	飯柴越崎間岡山 堀岡風富杉

68

しずおかの高校サッカー　清水東④
戦後の球跡

1960年度の熊本国体。民家に分宿して試合に臨んだ

を4—2で圧倒。東海ブロック大会は4校リーグ戦を2勝1分けで制し、2年ぶりに国体出場権を獲得した。

熊本で行われた国体本番。前々年度の覇者とあって、有力校の一角として地元紙の熊本日日新聞が大きく報じた。エースでユース代表でもある杉山隆一の注目度も高かった。

1回戦は下馬評通りの戦いぶりで、富山北（富山）を4—1で退けた。しかし、続く遠野（岩手）戦は一転、攻め込んでもゴールを割れず、逆襲に失点を重ねた。結果は0—4。2回戦で早々と姿を消した。

この試合はエース杉山が徹底マークに遭った。8年後、メキシコ五輪銅メダルの原動力になった杉山は、当時から際立っていた。ために、遠野は杉山封じに出た。今なら退場処分となるような、激しい後ろからのタックルを再三仕掛けた。杉山はクレームを付けることもなく、平然とプレーし続けたが、ゴールだけが遠かった。

清水東 ⑤

死闘再試合で総体切符

　全国高校総合体育大会（全国総体）は、真夏の高校生のスポーツ祭典である。この全国総体に1966年度からサッカーが加わり、藤枝東が初代王座に就いた。藤枝東は国体、全国選手権も制し、史上初の三冠王に輝いたが、1966年度は清水東にとっても節目の年度となった。

　4月、OBの勝沢要（静岡市清水区在住）が赴任してきた。この勝沢の熱血指導の下、清水東は着実に力を伸ばし、後に全国の頂点を極めることになる。

　勝沢の母校監督1年目の1966年度は、主将の遠藤進（静岡市葵区在住）以下、実力派がそろい、無敵を誇った藤枝東とも好勝負を演じた。全国への扉を開けることはかなわなかったものの、翌1967年度の全国総体初名乗りへの足がかりをつくる。

　1967年度の全国総体は、藤枝東が前年度覇者として推薦出場。このため「静岡県枠が1つ増えたようなもの。出場できたのは藤枝東のおかげ」。勝沢はこんな表現で、藤枝東の恩恵を強調する。

　といっても、出場権は県予選決勝で壮絶な戦いを演じた末に、勝ち取ったものだった。決勝は清水東が先行すれば静岡工が追い付き、延長戦へ。さらに延長、再延長と進んだが、1―1のまま互いに譲らず、再試合となった。

1967年度総体
先発メンバー

GK	小　林　久　朗	
FB	海老名　守　裕	
	土　屋　善　光　夫	
HB	宮城島　山　野　進	
	杉　沢　晴　藤　保	
	斎　沢　静　竹　一	
FW	則　藤　義　田　正	
	高　　　一　沢　美	
	遠　　　良　　　正典

70

しずおかの高校サッカー 清水東⑤
戦後の球跡

決勝1戦目の会場は静岡東グラウンド。ここで午前中、県社会人リーグが行われ、県教員チームの芙蓉クラブが東レ三島と対戦した。芙蓉クの一員でGKの勝沢はこの試合でゴールを守り、午後は総体県予選決勝で采配を振った。

決勝再試合は、木曜日の午後に行われた。この試合もともに一歩も引かず、0-0で延長に突入した。延長前半、均衡を破られたが後半、則竹義正（静岡市清水区在住）の執念のシュートで追い付き、再延長開始直後の遠藤良典のドリブルシュートで勝利をつかんだ。

「目の色が変わり、気持ちが一になっていた」と主将の斎藤静一（静岡市葵区在住）。文字通りの死闘に、GKの小林久朗（当時1年、星陵高教）でさえ「途中から足がつった」ほどだった。平日午後の開催というのに、決戦の場の県営草薙球技場には全校生徒が駆け付け、大声援で奮闘する選手たちを後押しした。

福井県で行われた全国総体。清水東は初陣ながら新潟東工（新潟）、鴨島商（徳島）を7-0、3-0と圧倒して3回戦に進んだ。優勝候補の浦和市立が相手だった。下馬評を覆して互角に渡り合ったが、決定機を決め切れず0-1で涙をのんだ。

県だけでなく、全国にも分厚い壁があることを実感した清水東は、5年後、全国の分厚い壁を見事に突き破る。

福井総体に出場した清水東。後列左端が監督の勝沢要

６ 清水東

粘り勝ち、総体初の栄冠

山形県を会場地にした1972年度の全国総体は、静岡県勢の3連覇が焦点の一つだった。1970年度の和歌山総体で浜名が初出場初優勝をやってのけ、1971年度の徳島総体は藤枝東が2度目の優勝を飾っていたからだ。

県勢Ｖ3が懸かった大会の県代表は、藤枝東と清水東だった。藤枝東は前年度優勝校として推薦出場、清水東は県予選を勝ち抜いて5年ぶりに全国に名乗りを上げた。

清水東は1970、1971年度と2年続けて県予選決勝で戦した浜名と藤枝東が相次いで涙をのんだ。しかも、決勝で対全国制覇を達成したとあって、

「今度こそ」の気持ちを込めて県予選を戦い抜いた。

監督の勝沢は、県制覇を「三度目の正直」と受け止めた。勝沢は前年度の県決勝で敗れた後、日本サッカー協会のコーチングスクールを2カ月間受講し、サッカーを多角的にとらえる目を養った。その成果が「三度目の正直」だった。

ＨＢの太田富夫（現・窪田、清水商教）は、山形での戦いを前に勝沢が「優勝するんだ」と、何度も口にしていたのが忘れられないという。勝沢は「勝てなければ辞める覚悟だった」といい、その思いを「優勝する」の言葉に込めていた。指揮官の思いは伝わった。清水東は敦賀（福

山形総体 先発メンバー	
GK	望月 稔好 之人 西子 和隆 司法 　藤 口富 夫良 　谷 田則 則樹 　　 村雅 樹二
FB	伊ケ坂 木秀 西　 太月 幹 　　 大田
HB	鈴木
FW	望志 　　 鈴

しずおかの高校サッカー 清水東⑥
戦後の球跡

山形総体決勝。鋭く秋田商ゴールを襲う

井、向が岡工（神奈川）、帝京（東京）を連破して8強入り。準々決勝は運も味方に付けて広島市商（広島）に抽選勝ちし、準決勝は児玉（埼玉）に2—1で逆転勝ちした。

一方、推薦出場の藤枝東も順調に準決勝に駒を進めてきた。ところが、第1試合で秋田商（秋田）に逆転負けを喫した。清水東の面々は「藤枝東が勝つと信じて」、児玉戦に備えアップしていた。太田もその一人で負けを知って「あぜんとした」という。

決勝は藤枝東を破った秋田商が相手だった。準決勝に続き前半に先手を取られたが、後半追い付き、延長にもつれ込んだ。しかし、しぶとさで上回っていた。1—1で迎えた延長前半3分、志田秀樹がCKを生かして決勝点をたたき出した。

2度目の出場でつかんだ栄冠。県勢総体V3も達成した。「目の前の試合だけに集中してきた」とセンターバックの西ケ谷隆司（静岡市東京事務所）。その結果が全国制覇であり、「負けても泣いたことがない」西ケ谷の顔が涙にぬれた。うれし涙だった。

清水東 ⑦ 若いメンバー 総体4強

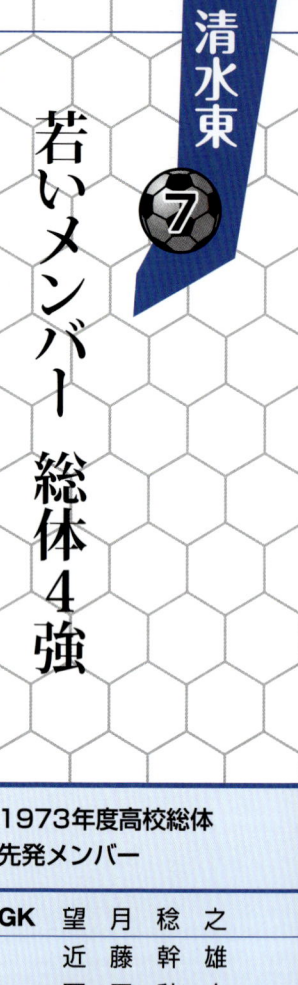

大いに輝いた翌年は、往々にしてメンバー構成に腐心する。1973年度の清水東は、その典型だったかもしれない。前年度の全国総体を制覇した主力がごっそり抜けたからだ。

三重県で行われた全国総体は、前年度優勝校枠で推薦出場したが、1年生3人をレギュラーに起用する苦心の布陣で臨まざるを得なかった。だが、経験不足を懸念された1年生トリオも戦力として機能。要所に配した3年生の好リードもあり、準決勝に進出した。

とはいっても、4強入りまでは苦しみに抜いた。初戦（2回戦）の清風（大阪）戦は、1−1のまま延長にもつれ込み、延長後半2分、横

山守（名古屋市在住）−太田幸一（静岡市清水区在住）とつないで競り合いにけりを付けた。

3回戦は本郷（東京）を2−1で振り切り、準々決勝も山城（京都）と接戦となった。だが、しぶとさで上回った。0−0で迎えた後半21分、太田のシュートがクリアミスを誘い、決勝点をもぎ取った。

準決勝は児玉（埼玉）と対戦した。1年前も準決勝で顔を合わせ、大接戦の末、2−1で逆転勝ちを収めた相手だ。後に本田技研で活躍した設楽光永らを擁する好チームで、順当にベスト4に進出してきた。清水東は臆することなく、互角に渡り合った。しかし、後半17分に決勝点

1973年度高校総体 先発メンバー

GK	望月稔之雄人年訓明勝則正一守
FB	近岡藤田秋克和和正好幸
HB	長吉沢田沢山長木田田山
FW	長内鈴池太横

しずおかの高校サッカー 清水東⑦
戦後の球跡

を奪われ、0―1で敗れた。連覇の夢は絶たれた。だが、若い布陣ながら4強入りして、前回覇者としての存在感を十分、発揮した。1年生トリオの一人だった長沢和明(浜松大監督)は「先輩たちに迷惑を掛けまいと必死だった」という。

厳しい指導で知られた勝沢だが、若い布陣でのベスト4進出を「立派だ」と評価した。

翌1974年度、今度は初名乗りを上げた全国選手権の舞台で気を吐く。ただ、その道のりは平たんではなかった。

夏の全国総体は、県予選準決勝で優勝した浜名に0―2で敗れ、3年連続出場を逃した。総体終了を機に、3年生は大学受験態勢にモードを切り替えるため、大半がユニホームを脱ぐのが慣例だった。この年度も例外ではなかった。それでも、太田、主将だった岡田秋人(清水東教)、1年からゴールを守る望月稔之(静岡市清水区在住)の3人の3年生がチームにとどまった。

三重総体準決勝前夜、宿舎でミーティング。右端手前が監督の勝沢

⚽8 清水東

逆境ばねに初出場準V

夏の全国総体3年連続出場を逃した1974年度の清水東は、冬の全国選手権に向け、再スタートを切った。ただ、総体が終わると、3年生の多くは例年通り大学受験のために例年通りチームを離れ、残った3人を軸に一新したメンバーで選手権予選に挑んだ。

3年生は3人に過ぎなかったが、1、2年生に精鋭がそろい、布陣はバランスが取れていた。県予選は安定した戦いぶりで決勝に進出し、静岡工と対戦した。接戦となったが、1年生望月常規（サルファス清水代表）が、右足アウトサイドでとらえた「イメージ通り」の一撃で決勝点をたたき出し、2-1で本大会出場を決めた。

部復活から24年目の全国選手権初名乗りで、士気は上がっていた。ところが、12月中旬、主力の2年生2人が立て続けに骨折した。戦力低下は明らかで「目の前が真っ暗になった」と勝沢。

この時、横山守（名古屋市在住）、近藤幹雄（ともに横浜市在住）の3人の3年生が戦列に戻り、窮地を救った。「戻ってくれ」と頭を下げる、チームに残った岡田、望月、太田の同期トリオと勝沢の熱意に応えたのだった。

ところが、ほっとした矢先、チームに衝撃が走った。復帰したばかりの近藤の父親が、暮れも押し迫った30日に交通事故死した。それでも近藤は正月3日、チームに合流した。

1974年度全国選手権先発メンバー

GK	望月稔幹之雄則秋幸則人真実明和幸一勝賢三守文則守
FB	近藤石岡川田北村沢山長田内崎太山岩横志
HB	
FW	

76

しずおかの高校サッカー　清水東⑧
戦後の球跡

全国選手権予選決勝。雨中の激戦を制し表彰式に臨んだ清水東

相次ぐ衝撃に「チームはどん底に落とされた」（勝沢）が、見事にはい上がる。OB会長を務めるGKだった望月の表現を借りれば「逆境が人間を動かした」のだ。

水島工（岡山）、新田（愛媛）を連破して4強入りし、準決勝で相模工大付（現・湘南工大付、神奈川）と相対した。試合は先手を許したが、終了3分前に志田文則（J磐田スタッフ）、1分前に内山勝（セレゾン袋井フットサルクラブ）が決め、2-1で逆転勝ちした。劇的なVシュートの感触は、内山の左足に「今でもはっきりと残っている」。

決勝は帝京（東京）に1-3で屈した。だが、1年生のCF志田のヘッドによる一撃が微妙な判定で"幻のゴール"に終わるなど、惜しい場面の連続だった。

復帰した3年生も「ぼろぼろになりながら戦い抜いた」（横山）初出場準Vは、当然のことながら高い評価を得た。

77

清水東 ⑨ 総体制覇 黄金期の序章

　1972年度の全国総体を制し、1974年度の全国選手権では初出場ながら準優勝した清水東だが、その後、全国の舞台から遠ざかる。しかし、1980年代に入ると再浮上し、一時代を築く。関係者は1980年代前半を"黄金期"と表現する。

　黄金期はつまずきながらのスタートだった。1980年度の総体県中部予選で7位にとどまったのだ。

　この結果に、勝沢から「坊主命令」が出た。それまでも何度となく丸刈りにした経験がある選手たちは、今度はプレーで応えたい―と命令撤回を要求。主将の高橋良郎（清水東教）と副将の伊達芳弘（浜松市立教）が代表して、指揮官にチームメートの思いを伝えた。

　県大会が始まると、主将の高橋以下、選手たちはピッチの上で奮闘した。1点差の競り合いが続いたが、粘り強く戦い抜き、決勝では静岡工を倒して、7年ぶり4度目の全国総体出場権を獲得した。

　真夏の総体は暑さとの戦いでもある。勝沢は「夏を制するためには」と、徹底した走り込みを課し、愛媛県開催の本番に備えた。

　1回戦は前評判の高かった八千代（千葉）を2―0で下し、2回戦は苦しみながらも高槻南（大阪）を4―2で退けた。3回戦は宮城県工（宮

1980年度全国総体 決勝先発メンバー

GK	膳	行司也
	亀	信史弘
DF	奥	靖哲有弘夫
	石	山達月治
	牧	垣田田郎
	伊	望一康町晴
MF	内	反高良敏
FW		沢橋滝入

しずおかの高校サッカー 戦後の球跡　清水東⑨

城)を3―0、準々決勝は韮崎(山梨)を4―2で破り、ベスト4に進出した。準決勝の相手は前年度優勝の水戸商(茨城)だったが、立ち上がりから押し込み、高橋のハットトリックなどで4―0と一方勝ちした。

決勝は今市(栃木)と対戦、開始1分の望月達也(J川崎スタッフ)のシュートで早々と先手を取った。しかし、今市の巻き返しに遭って、後半2分に同点シュートを許した。

激しい攻防の中、残り4分、内田一夫(J清水スタッフ)―反町康治(J松本山雅監督)とつなぎ、高橋が仕上げて、2―1で接戦にけりを付けた。高橋は「最後は相手に当たった。オウンゴールかもしれない」というが、値千金の一撃に変わりはない。

地区予選7位からスタートしながらも、8年ぶり2度目の総体制覇をやってのけた。出だしはつまずいたが、「後はずっと上り調子だった」と伊達。高橋は「負けるような気がしなかった」

という。そこに、はい上がったチームの強さがあった。

8年ぶり2度目の優勝を飾った愛媛総体。表彰式後の記念撮影

⑩ 清水東

選手権 またも決勝の壁

夏の全国総体で2度目の頂点に立った1980年度の清水東は、続いて冬の全国選手権初制覇を目指した。

全国選手権は初めて出場した74年度に決勝まで勝ち上がったが、あと一歩で優勝を逃した。県勢にとっても、1970年度の藤枝東を最後にタイトルから遠ざかっているとあって、どうしても手に入れたい栄冠だった。

総体終了後の清水東は、大学受験の関係で例年通り、3年生の多くがユニホームを脱いだ。このうちの2人は守備陣のレギュラーだった。その穴を埋めるべく、監督の勝沢は、1年生の梅田和男（静岡東教）浄見哲士（キャノン）ら、若い力を投入した。

大学受験を控える3年生が総体を一区切りにするのは、進学校の宿命である。指揮官にはその都度、チームを再構築することが求められる。「同学年で固めるにこしたことはないが、全体のバランスが取れた方が、チームとしてかみ合う」とみていた勝沢の下、チームは再び戦う集団としての力を養いながら、選手権に挑んだ。

県予選は第二関門のリーグ戦を得失点差で辛うじて突破した。「1度、死んだようなもの」とは主将だった高橋良郎。同時に「負けないだろうと思っていた」といい、決勝トーナメントも苦戦の末に勝ち抜いて、6年ぶりに全国選手権行きを決めた。

1980年度全国選手権登録メンバー

GK	行浩男 信由和哲 亀山田見田 膳西梅浄牧伊
DF	士史弘吾則豊也夫治也郎雄晃伸幸
MF	有芳誠智 達永口田月田町月橋入 松川柴望内反望高沢滝若青
FW	達一康哲良重敏紀秀 林島

80

しずおかの高校サッカー　清水東⑩
戦後の球跡

1980年度全国選手権決勝。古河一陣内に攻め込む清水東

全国舞台は準々決勝の帝京（東京）戦がヤマ場だった。相手は前年度の覇者であり、会場は県代表が3年連続、煮え湯を飲まされていて、当時、"静岡の鬼門"とさえいわれた西が丘サッカー場だった。

だが、前半3分、内田のロングシュートで先制して早々と主導権を握り、3－1で難敵を退けた。"鬼門"での戦いも制し、準決勝は岡崎城西（愛知）と対戦した。下馬評では優勢だったが、苦戦を強いられ、0－0で迎えた後半37分の高橋のヘッドシュートで、ようやくけりを付けた。

決勝はやはり初Vを狙う古河一（茨城）が相手だった。速攻が身上で、勝沢は「やりのようなサッカー」と評していた。反町の右折り返しを沢入重雄（サッカー解説者）が決めて追い付いたが、速攻から決勝点を奪われ、1－2で屈した。関東勢の古河一にV決戦で屈し、この時から、「打倒関東」に燃える日々が続く。

81

清水東 ⑪ "東征"果たし総体連覇

1981年1月9日、東京・本郷の東大御殿下グラウンドでボールを蹴り合う一団があった。前日の全国選手権決勝で古河一（茨城）に惜敗した清水東の1、2年生が紅白試合に汗を流す姿だった。打倒関東への思いが、新主将の望月達也（J川崎スタッフ）以下の新チームを、宿舎近くのピッチに駆り立てたのだ。

新チームはまず直後の県新人大会を制し、1981年度を迎えると全国総体県予選に臨んだ。1回戦の浜北西戦は1─0の辛勝だったが、徐々に調子を上げて決勝に進出し、静岡工と対戦した。前半7分、沢入重雄が頭で決めて早々と先制。その後も優位を保ち3─1で押し切って、2年連続5度目の全国総体出場権を獲得した。

神奈川県で行われた全国総体は、連覇が懸かっていた。2回戦からの登場だったが、いきなり難敵の武南（埼玉）と顔を合わせた。主将の望月が「事実上の決勝戦」ととらえていた一戦だった。その言葉通り、試合は白熱し、2─1で逆転勝ちした。「後の試合は覚えていない」と守りのリーダー格だった牧田有史（マツダ本社）が口にするほどの印象深い勝利だった。

武南を振り切ると、本郷（東京）、八千代（千葉）、韮崎（山梨）を連破し、決勝に名乗りを上げた。準決勝までの相手はいずれも関東勢。監督の勝沢が掲げた"東征"を体現してみせた決

1981年度全国総体 決勝先発メンバー

GK	行男士史己也 豊治幸雄晃 信和哲有克達 康秀重敏 亀田見田榎月田町島入 膳梅浄牧大望柴反青沢滝
DF	
MF	
FW	

82

しずおかの高校サッカー　清水東⑪
戦後の球跡

勝進出だった。望月はサッカー部史・闘魂に「まさにこの大会は"打倒関東""東征"であった」と記している。

室蘭大谷（北海道）とのV決戦は、総体史上初のナイター開催となり、横浜・三ツ沢球技場で行われた。

「誰も自信に満ちていた」（牧田）とあって、立ち上がりから攻め込み、前半13分、CKを生かし、DFの梅田が「公式戦唯一だった」という得点をマークして先制。望月と反町のゲームメークで攻勢を続け、3－1で夏連覇を達成した。

2年続けて夏の頂点に立った清水東は、次の目標に向かって始動した。次の目標とは冬の選手権初制覇だった。

ところが、県予選の第二関門であるリーグ戦で、夢は途絶えた。ブロック1位が懸かった戦いで清水商に1－2で競り負け、決勝トーナメントを前に敗退した。

1981年度全国総体で〝夏連覇〟を達成した清水東＝三ツ沢球技場

⑫ 清水東

猛攻、堅守で選手権初V

1981年秋の全国選手権県予選で敗れた清水東は、新チームのメンバーが頭を丸めて巻き返しを誓った。しかし、意に反して、新チームが本格始動した翌1982年度前半は、苦戦を強いられた。

まず、県新人大会。興誠（現・浜松学院）に0ー1で敗れ、1回戦で姿を消した。次いで、3連覇が懸かっていた全国総体の県予選。富士、静岡西をともに1ー0で下したが、準々決勝は静岡の堅守を破れず、延長0ー0の末、PK負け。全国V3も断たれた。

得点力不足が目立ち、それが苦戦につながっていた。ところが、秋の全国選手権県予選を迎える

と、最大の欠点は解消されていた。右サイドで長谷川健太（サッカー解説者）と大榎克己（J清水スタッフ）が、左サイドで大石隆夫（J磐田スタッフ）と望月哲也（静岡市役所）が、ともにあうんの呼吸で攻め込んだ。これにCFの青島秀幸（清水矢倉郵便局）が効果的絡んだ攻めで、決勝に勝ち上がった。

決勝は東海大一と対戦した。追い付きながら突き放され、タイムアップ寸前を迎えた。スコアは1ー2。1年からゴールを守り続けるGKの膳亀信行（静岡教）が「これで3年間が終わるのか」と覚悟した次の瞬間、右サイドにいた望月が思い切りよく繰り出した一撃は、長い弧

1982年度全国選手権登録メンバー

GK	行馬男士巧己城也 信一和哲
DF	亀島田見池 中梅浄堀 太晴哲 幸夫久生 克晴哲 隆也隆睦
MF	榎瀬月 大片望 秀隆貴明 大青大 島石藤 慎正
FW	長谷川 青島大 遠松 下田口田辺 原川堀岩
GK	
DF	
MF	
FW	

84

しずおかの高校サッカー　清水東⑫

戦後の球跡

初の全国選手権制覇を達成し、歓喜のウイニングラン＝国立競技場

を描きながらネットに吸い込まれた。「何も考えずに蹴った」望月の殊勲弾で追い付き、延長前半、大榎が決勝点をたたき出して、熱戦に終止符を打った。「苦しかった」と振り返る大榎の言葉が激闘を物語る。

全国舞台も攻撃的サッカーで勝ち上がった。中津工（大分）、九州学院（熊本）の九州勢を連破して８強入り。さらに習志野（千葉）、帝京（東京）を退け、最後は韮崎（山梨）を４―１と圧倒して、ついに正月サッカーの頂点に立った。準々決勝からの相手は関東勢であり、「打倒関東」「東征」を達成した上の選手権初制覇でもあった。

２回戦から登場して、５試合で１７点をマークし、失点はわずかに１。２度のハットトリックをやってのけた青島に象徴された攻撃力だけでなく、堅守も快進撃を支えた。

決勝で敗れ、無念の涙に暮れてから２年。今度は歓喜の涙だった。主将の浄見は直後のインタビューにこう答えた。「勝って当然と思った。日本一、苦しい練習をしたのだから」と。

清水東 ⑬ 連覇目前で宿敵に惜敗

県勢の冬の全国選手権連覇は、後にも先にも1962、1963年度の藤枝東だけである。1983年度の清水東は、県勢にとって2度目の選手権連覇に挑んだ。

全国で頂点に立った前年度のチームと同様、前半は不本意な結果に終わった。県新人大会は準々決勝で藤枝東を1ー0で下したが、準決勝で浜名に0ー1で競り負けた。県総体は準々決勝で藤枝北に延長の末、1ー2で敗れ、全国行きを逃した。ここまで正GKだった遠藤貴久（清水東コーチ）は、「前年度日本一を背負ってスタートしたチームだった」と振り返り、その難しさを指摘した。

だが、夏場を契機にチームは大きく前進する。主軸は1年前から主力とした活躍していた、主将の長谷川と大榎、堀池巧（サッカー解説者）で、"三羽がらす"といわれ、後にいずれも日本代表入りする。この3人を前線、中盤、最終ラインのそれぞれの柱に添え、秋の選手権県予選を勝ち抜いて、全国へ駒を進める。

V2が懸かった全国舞台。国立競技場での開会式に臨み、「（決勝の）1月8日、絶対にここに戻ってくる」と誰もが思いながら、入場行進したーと、主将の長谷川は、サッカー部史・闘魂に記した。

初戦（2回戦）は受け身に回ったのか、前半は

1983年度全国選手権決勝先発メンバー

GK	大	川	晃 広
DF	岩 辺	野	晃 睦
	村	池	巧 生
	堀 松	下	明 己 也
MF	大	榎	克 清
	川 原	口 田	慎 太 宏
FW	長谷川		健 志
	武 小長井	田	修 泉

86

しずおかの高校サッカー 清水東⑬
戦後の球跡

鹿児島実（鹿児島）の出足に圧倒された。だが後半11分、CKを受けた大榎が頭で決め、先手を取った。31分には1年生のCF、武田修宏（サッカー解説者）が加点。これで試合の大勢を決し、3—1で勝ちを収めた。

初戦を突破し、リズムに乗った。島原商（長崎）を4—1、浦和市立を9—0、四日市中央工（三重）を3—1と寄せ付けず、決勝に進出した。

開会式で誓ったV決戦の場に立ち、帝京（東京）と対戦した。立ち上がりから攻め込んだ。シュート数は18—9。しかし前半21分、カウンターを許し先制点を奪われた。この1点は重くのしかかった。後半の反撃も届かず、0—1でタイムアップ。連覇は消えた。

2年連続の出場とはいえ、前年度からの経験者は長谷川、大榎、堀池の3人だった。「帝京はもっと多かった。経験の差が出たような気がする」と堀池。"東征"を果たし、頂点に立ってから1年。関東勢がまた、分厚い壁になった。

1983年度全国選手権、表彰式に臨んだ清水東イレブンに笑顔はなかった＝国立競技場

87

⑭ 清水東

黄金期後 険しい道のり

1980年度から4年間の清水東の活躍ぶりは目を見張る。総体2回、選手権3回、全国の舞台を踏んで、優勝3回を数え、"黄金期"を形成した。だが、こうした時期にバトンを受けるチームが、厳しい洗礼を受けることは珍しくない。

1984年度のチームもその一つで、険しい道を歩むことになる。新チーム結成直後の県新人大会は2回戦で清水南に1ー3で敗れ、県総体は中部予選決勝で清水商に0ー5と大敗を喫した。主将を務めた原田清（東京海上）の耳には、大敗の後、勝沢が「マイナスからのスタートだ」と奮起を促した声が残っている。

指揮官の言葉を受け、県大会に入って巻き返した。着実に勝ち上がると、決勝で清水商と対戦、今度は2ー0で雪辱を果たした。3年ぶり6度目の全国総体出場権だった。

半年前、冬の全国選手権で銀メダルを獲得した。その後を受けた全国舞台だったが、準Vメンバーの岩辺睦（鈴与）は「優勝を意識するのではなく、一戦一戦、戦い抜こうという思いだった」という。

秋田県で行われた真夏の全国総体は2回戦から登場。桐朋（東京）を相手にした一戦は、4得点と爆発した2年生エースの武田の活躍もあ

1984年度県総体決勝先発メンバー

GK	酒井	謙吾
DF	岩辺	睦卓
	西ケ谷	晃
	村長	徹
	原田	清也
MF	川口	慎也
	田中	哲和
	池田	由宏
FW	安武	修志
	小長井	泉

しずおかの高校サッカー 戦後の球跡　清水東⑭

1984年度の清水東。全国総体出場を決め、記念撮影する＝藤枝市民グラウンド

　って、5-0で圧勝した。
　3回戦は広島工（広島）と顔を合わせた。前半9分、CKの混戦から武田が決めて先制。その後も盛んに攻め込み、シュート数は20-9と圧倒した。しかし、決定機を生かし切れず、逆にカウンターから失点して2-3で敗れた。
　後に日本代表入りする武田だが、この試合は徹底マークに苦しんだ。先制点をたたき出したものの、その後は激しいつぶしに遭い、追加点を奪えなかった。勝沢は「一人のエースに頼るチームの難しさを痛感した」と述懐する。
　秋になると、3年連続出場が懸かる全国選手権を目指す戦いが待っていた。
　1次トーナメントを突破して臨んだ第2関門のリーグ戦第3戦。1勝1敗同士の静岡学園と対戦、前半5分に武田のシュートで早々と先手を取ったが、反撃に受けて失点を重ねた。終盤、反発力をみせたが、追撃も届かず1-3で敗退。3年連続の全国行きは実現しなかった。

清水東 ⑮ 悔しさバネに総体切符

やはり、主役を張り続けるのはたやすいことではなかった。1980年代前半、全国舞台で常に優勝争いを演じたが、1985年度は総体、選手権とも県予選で姿を消した。

翌1986年度の新チームは、まず県新人大会で準優勝し、再浮上に向けて歩み出した。続く戦いの場は全国総体県予選。主力にけが人を出しながらも決勝に進出し、静岡学園と対戦した。互いに譲らなかったが、一年生の竹沢一弘（横浜パルピターレSCコーチ）の決勝点で2―1で競り勝って、7回目の本大会出場を決めた。

決勝で対戦した静岡学園は、新人大会決勝で県予選からけが人続出に苦しみ、満身創痍の

0―2で敗れた相手だった。その借りを返しての代表権獲得を、主将を務めた長沢徹（J磐田スタッフ）は「悔しさをバネにした結果」と振り返る。

山口県で開催された総体本番は、2年ぶりの全国舞台だった。1回戦は宮崎工（宮崎）と対戦、安池由和（静岡スバル）の決勝のヘディングシュートで1―0で退けた。

2回戦は室蘭大谷（北海道）を相手に、立ち上がりから攻勢に出た。しかし、決め手を欠き、延長前半に逆襲からゴールを奪われて0―1で惜敗した。

1986年度全国総体
1回戦先発メンバー

GK	大滝	勝己
DF	加藤	慎一郎
	長沢	徹
	古賀	琢磨典
	赤津	大幸也
MF	井川	秀靖
	塩川	哲和
	梅原	英明
FW	望月	克由
	安池	達永
	松	

90

しずおかの高校サッカー　戦後の球跡　清水東⑮

1986年度は清水東にとって、区切りの年度ともなった。1966年度から指揮を執ってきた勝沢が、年度末をもって県教委に転出することになるからだ。

状態で臨んだ大会だった。特に、中盤のかなめの塩川哲也（静岡シポレックス工業）は、じん帯を傷めた左足が思わしくなく、宮崎工戦に先発しながら途中退場、「何もできず歯がゆかった」という。

秋の全国選手権県予選は気持ちも新たに挑み、1次トーナメント、リーグ戦を勝ち抜いて、ベスト8が競り合う決勝トーナメントに駒を進めた。初戦は静岡学園を3—2で退け、続く準決勝は静岡工に延長1—1からPK勝ちして、決勝に名乗りを上げた。

決勝の相手は初優勝に燃える東海大一だった。塩川も戦列復帰し、戦力は整っていた。だが、0—0の後半9分に決勝点を奪われ、0—1のまま押し切られた。

東海大一は全国でも快進撃をみせ、初出場初優勝の快挙をやってのけた。その東海大一に敗れ、「総体を含め、勝負の厳しさを教えられた気がする」と主将の長沢は、当時を思い起こす。

山口総体1回戦の対宮崎工。安池（右端）がヘディングシュートで決勝点を挙げる＝山口県防府スポーツセンター

⑯ 清水東

選手権 連続で上位逃す

　1987年度、清水東は順大を卒業したばかりの膳亀信行（現・静岡高教）を新指揮官に迎え、新たな一歩を踏み出す。膳亀は県教委に転出した勝沢の教え子で、1982年度の全国選手権初優勝メンバーでもある。

　元号も平成に変わった1989年度、就任3年目の膳亀の下、全国選手権の出場権を獲得する。清水東にとっては準Vの1983年度以来6年ぶり、総体を含めると3年ぶりの全国行きだった。

　県予選の決勝トーナメントは、初戦の浜名にPK勝ちし、準決勝で夏の全国総体優勝校の清水商と対戦した。下馬評では不利の中、攻勢を続けた末にPK勝ちした。中盤を支えた井ノ口裕紀（西村医療器）は「3年間の全てを懸けて戦った」と気迫の勝利を強調する。

　決勝は東海大一と顔を合わせた。0―0の後半9分、成田優（広告美術業）がオーバーヘッドシュートを披露して均衡を破った。「練習でやっていたのでとっさに出た」左足の一撃が決勝点を生み出し、1―0で押し切った。

　正月の本大会は、初戦の2回戦で徳島商（徳島）を3―0と圧倒した。続く武南（埼玉）との一戦。1点を追う後半17分、「決まった」と誰もが思った成田の同点弾が不可解な判定で取り消された。

	1989年度 全国選手権県予選 決勝先発メンバー		1990年度 全国選手権県予選 決勝先発メンバー
GK	堀池　洋充	GK	池田　　慎
DF	水野　　亮 松田　嘉彦 斉藤　俊秀 相馬　直樹	DF	望月　亮太 古川　　徹 斉藤　俊秀 石川　将之
MF	井ノ口裕紀 所賀　貴之 野々村芳和	MF	栗田　　守 所賀　貴之 野々村芳和
FW	望月　竹里 成田　　優 小坂　圭亮	FW	田島　宏晃 成田　　優 小坂　圭亮

しずおかの高校サッカー 清水東⑯
戦後の球跡

膳亀監督の下、全国選手権出場を決めた1989年度の清水東
=県営草薙球技場

0−1の惜敗に、試合後、主将の相馬直樹（J川崎監督）は「全国に大きな借りをつくってしまった」と唇をかみ、後輩たちに後を託した。

1990年度（平成2）は、選手権県予選決勝でまたも東海大一と激突した。今度は0−0でもつれ込んだPK戦をしぶとくものにして、2年連続出場を決めた。この年度は、ユース代表に選手出場した清水商が予選免除で推薦出場し、2校が本大会の舞台を踏んだ。

選手権本番は1回戦で京都学園（京都）と対戦、前半に成田、後半に小坂圭亮（全日空）がゴールを奪って2−0で退け、上々の滑り出しをみせた。ところが、落とし穴が待っていた。主力にけが人が出たことも響き、2回戦で旭（神奈川）に0−1で競り負けたのだ。前年度に続く2戦目の敗戦に、主将の野々村芳和（サッカー解説者）は「去年と同じ失敗をしたのが悔しい」と声を絞り出した。

清水商も3回戦で姿を消し、1970年度の「藤枝東—浜名」以来の県勢決勝対決は幻に終わった。

清水東 ⑰ 地元総体 県勢対決制す

清水東と清水商が出場した1990年度の全国選手権（1991年正月開催）。ともに序盤で姿を消し、幻に終わった県勢決勝対決だったが、7カ月後に夢が実現する。1991年8月の全国総体の舞台で―。

1991年度の高校生による真夏のスポーツの祭典は、本県で開催された。地元の期待を担ったのは、清水東と東海大一。開催地のため参加枠が1つ増え、県予選1、2位の両校が出場権を得た。

「スターはいないが、穴はない」。こう監督の膳亀が評した清水東は、初戦の2回戦で境（茨城）に4―0、3回戦は田辺（和歌山）に7―0と大勝して8強入り。準々決勝も帝京（東京）を4―1で下した。

準決勝は市船橋（千葉）に後半のロスタイムに追い付かれた。だが、延長後半、斉藤賢二（税理士）―田島宏晃（元J清水など）とつないで決勝点を挙げ、2―1で競り勝った。

もう一つの代表校、東海大一も激戦ブロックを勝ち上がって決勝に進出。晴れ舞台での県勢V対決が実現した。

地元勢決勝戦に沸く中、東海大一に先手を許した。だが、前半終了間際、「実は酸欠状態だったが、

	1991年度 全国総体決勝 先発メンバー		1992年度 全国総体準決勝 先発メンバー
GK	池田　　慎	GK	赤池　保幸
DF	望月　亮太 古川　　徹 斉藤　俊秀 中村　　宏	DF	望月　亮太 山下　英樹 青木　孝徳 山西　尊裕
MF	松田　庸宏 望月　直孝 青山　　剛	MF	落合　博之 大野　祐一 林田　大資 雨宮　達宏
FW	田島　宏晃 斉藤　賢二 五十嵐裕一	FW	田島　宏晃 西沢　明訓

94

しずおかの高校サッカー 戦後の球跡　清水東⑰

体が反応した」斉藤賢の一撃で追い付き、1—1のままもつれ込んだ延長後半8分、FKからの好機を田島が逃さず、決勝点をたたき出した。

4回目の総体制覇に「チームが一つになっていた」と、主将を務めた斉藤俊秀（藤枝MYFC監督）。5得点と気を吐いた斉藤賢は「地元開催なので、いつものようにプレーできた」と、地元で輝いた夏を思い起こす。

1年後の1992年度。宮崎県開催の総体で再び全国のピッチを踏み、奈良育英（奈良）、七里ケ浜（神奈川）、仙台育英（宮城）を倒してベスト4に勝ち進んだ。

徳島市立（徳島）と対戦した準決勝は、主力のけがに苦しみながらも、西沢明訓（J・C大阪アンバサダー）山西尊裕（J磐田スタッフ）らの一年生の踏ん張りもあって、互角に渡り合った。しかし、1—1の延長の末、PK負けを喫した。とはいえ、けが人続出の中での4強入りは「後につながる」と評価された。

ところが、この宮崎総体を最後に、全国の舞台から遠ざかっている。膳亀に続き、梅田和男、現在は高橋良郎と、ともにOBが指揮を執り、再起の道を歩んでいる。

1991年の全国総体で県勢V決戦を制した清水東。表彰式後、喜びを表現＝日本平球技場

静岡工 ①

創部6年目 初の県制覇

国体のサッカー少年の部は、1969年度（昭和44）まで単独校同士が争った。県勢は1948年度第3回大会の浜松一（現・浜松北）を皮切りに、浜松西、藤枝東、清水東と続き、1965年度に5校目の代表校が誕生した。

5つ目の代表校は「静岡工」だった。2008年（平成20）4月、清水工との再編整備で「科学技術高校」が誕生した。これにより、静岡工サッカー部の歴史に幕が下りたが、刻んできた足跡が消えることはない。

創部は終戦翌年の1946年度、旧制静岡工業学校時代のことだった。1948年度卒の加藤久二（焼津市在住）の声掛けが、サッカー部創設へ導いた。OB会がまとめた記念誌「静岡工高サッカー部60年の足跡」に、球技班としてバレーボール部と併せ発足した——とある。

翌1947年度から活動が本格化、新制「静岡工業高校」として新たなスタートを切った1948年度には、対外試合でも互角に渡り合うようになる。指導に当たったのは小野田正一、柳瀬晴海、渥美文平、寺井安正の各教諭（いずれも故人）。体育担当ではなかったが、そろってボールを蹴った経験を持っていた。

新生サッカー部は創部6年目、1951年度の県スポーツ祭で初めて県を制した。決勝の相手は強豪としての地位を固めつつあった藤枝東。初

1951年度卒業生

GK	植下堀	野野仲	次司実
FB		隆博	平郎智
HB	鈴青	幸八	義夫吾
		木島	重正健
		沢月	朝
FW	西望佐松福加	野浦井藤	鉄夫昭男

96

しずおかの高校サッカー 戦後の球跡　静岡工①

の県制覇が懸かり、FBを務めた下野博司（静岡市葵区在住）は「張り詰めた気持ちで臨んだ」ことが忘れられない。試合も緊迫、1—0で競り勝った。

次いで臨んだ近県大会。東海4県と山梨、長野の25校が参加した戦いを勝ち抜き、決勝で前年度全国選手権代表の静岡城内（現・静岡）を2—0と圧倒した。

下野によると、右サイドでボールを持つと、迷わず前方の西沢重義（静岡市葵区在住）にパス。受けた西沢が確実に中央に入れ、エースで主将の福井昭（東京都国立市在住）が決めるというサイド攻撃が確立されていた—という。

国体県予選、さらに全国選手権県予選も決勝に進出した。相手はともに藤枝東で、国体予選は0—1で敗れ、選手権予選は同スコアで借りを返した。ただ、選手権は県こそ制したものの、中部ブロック大会決勝で韮崎（山梨）に1—4で屈した。

国体、選手権ともに全国まであと一歩と迫りながら、最後の壁を破れなかった。だが、県内の主要大会全てで決勝に進出し、存在感を存分に示した。それが1951年度であった。

1951年度の県スポーツ祭を制し、初めて県の頂点に。全員の笑顔が喜びを物語る

97

② 静岡工

全国への壁 ついに突破

飛躍の1951年度を契機に、静岡工は上位グループに定着し、優勝争いに絡むようになった。しかし、最後の壁は厚く、跳ね返され続けていた。

そんな中で迎えた1959年度、松永弘道（焼津市在住）が体育教諭として赴任した。静岡高－東京教育大（現・筑波大）出身の松永は、兵庫県内の高校に2年間勤務し、本県に戻ってきた。

静岡工は気鋭の指揮官の下、新たな歩みを始める。監督に就任した松永は、有望戦力の発掘に取り組んだ。スポーツテストをもとに、サッカー経験の有無を問わず、運動能力に優れた生徒に次々と声を掛けた。藤枝東が旧制志太中時代にサッカーを校技

と定め、運動能力の高い生徒を入部させて、発展の基盤を築いたことを思い起こさせる。

松永が率いて3年目、61年度の全国選手権県予選準決勝で藤枝北を2−1で退けた。この年度の藤枝北は、スポーツ祭決勝で藤枝東に一方的に勝ちした実績があった。FW陣の一角だった、当時2年の村越広（藤枝市在住）によれば「強い藤枝北に勝ったのだから―と、意気上がった」という。だが、決勝は藤枝東に3−0で屈し、勝負の厳しさをあらためて痛感させられる。

跳ね返され続けた全国への分厚い壁。その壁を創部20年目の1965年度、遂に突破する。国体予選を勝ち抜き、初めて全国のひのき舞台に

1965年度岐阜国体 先発メンバー

GK	鈴木	公成	一和
	倉屋	治孝	之義
FB	沢本	三喜	夫義
	土山	利	一男
HB	福沢	文義	守
	杉下		一
	滝下		昭
FW	塩田		
	竹岩		
	木小		

98

しずおかの高校サッカー　静岡工②
戦後の球跡

1965年度国体県予選を制し、初の全国行きを決めて表彰式に臨む

名乗りを上げたのだ。
WMといえば、伝統のフォーメーションだった。ところが、松永は国体予選を控え、4・2・4システムの採用に踏み切った。当初、戸惑っていた選手たちも新システムを消化し、決勝に勝ち上がった。相手は藤枝北で、激しい攻防となったが1―0で競り勝った。

前年度の選手権予選も決勝に進んだが、藤枝東と再試合となる熱戦の末、延長で惜敗。2年生GKで無念さを知る鈴木公一（日本軽金属）は「その悔しさが（県予選制覇の）バネになった」と語る。

東海ブロック予選も勝ち抜き、臨んだ岐阜国体。1回戦で水戸商（茨城）と対戦した。念願のひのき舞台だったが、緊張感からか動きが硬く、前半に2点を失った。後半は動きが一転、3分に岩崎守（建築設計事務所）の右からのロングシュートで1点差とし、その後も追い上げたが、わずかに届かなかった。

全国初挑戦は初戦敗退に終わった。だが、国体本番のピッチを踏んだことは、貴重な経験となり、後に受け継がれていく。

静岡工 ③ 目前で消えた総体切符

　1965年度、創部20年目で国体に出場し、念願だった全国のピッチを踏んだ。だが、次の県代表の座まで10年間を要することになる。

　1960年代から1970年代の県高校サッカー界は、全国3冠に輝いた藤枝東を筆頭に、清水東、浜名、それに台頭してきた清水商といった強豪がしのぎを削っていた。いわば、群雄割拠の様相だった。

　そこに割って入った静岡工は、国体出場から2年後の1967年度、2度目の全国行きに王手をかける。舞台は全国総体県予選。主将の山田活郎（アステラス製薬）を中心に、まとまりで勝負するチームは、決勝に進出し、清水東と対戦した。

　静岡東高で行われたV決戦は、雨中の戦いとなった。前半3分、相手ゴール前の混戦から右ウイングの小沢義雄（自営）が先制点を生み出した。蹴り込んだのは足元のこぼれ球。「その瞬間をはっきり覚えている」と小沢。

　後半は清水東の猛反撃に遭ったが懸命に耐え、そのまま押し切るかに思えた。しかし、終了間際に清水東に追い付かれ、延長、再延長の末、1―1で引き分け、再試合となった。

　4日後の再試合、再び先手を取った。1年生・池谷修（藤枝市在住）の右足の一撃で0―0の均衡を破った。

1967年度全国総体県予選決勝先発メンバー

GK	杉 本 男	静	
	岡 田 典	勝	美
FB	宮 島 男	常	
	城 田 治	敏	活
HB	小 葉 郎	守	義
	稲 田 雄	活	悦
	山 沢 修	義	利
FW	小 下 久	悦	好
	池 木 郎	利	
	竹 石 雄	好	
	鈴 天		

しずおかの高校サッカー　静岡工③
戦後の球跡

戦いも大詰め。状況を考えれば「これでいけると思った」（池谷）のも無理はない。

しかし、またもタイムアップ寸前に同点弾を許して、再延長の末、1－2で惜敗。2度にわたって手中に収めかけた全国切符を逃した。CFだった竹下悦久（自営）は「いい思い出だが、やはり悔しい」と無念さをにじませる。

翌1968年度は県新人大会で決勝に進み、藤枝北を1－0で下して優勝、スポーツ祭では決勝で藤枝東を2－0で倒し、2本の優勝旗を手にした。だが、全国行きが懸かった戦いとなると、総体予選は準決勝で藤枝東に0－2で敗れ、国体予選も決勝リーグで2位に終わって、最後の壁をクリアできなかった。

1969年度も総体予選で決勝に進出しながら、清水商に延長の末、0－1で競り負けた。1年からピッチの上でV逸を味わった、池谷はサッカー部記念誌『60年の足跡』に「幾度となく決勝戦まで行きながら全国大会は夢に終わった。何が足りなかったのか」と無念の思いをつづっている。

高校サッカー県予選

雨中、再延長の熱戦
静岡工―清水東引き分け

最終戦は快勝
蓉すばやく2点

パルマイラスト
1967年度の雨中の総体県予選決勝“第1戦”を報ずる
静岡新聞（1967年6月26日付）

④ 静岡工

黄から赤 イメージ一新

　1972年度の東海総体で、静岡工は赤いユニホームで登場した。慣れ親しんできた黄色のユニホームではなく──。「新ユニホームは静工じゃない、との指摘を受けた」と、GKだった清水佐平（静岡ガス）はサッカー部記念誌『60年の足跡』に記している。だが、3年後の1975年度全国選手権で準優勝し、「赤の静岡工」はすっかり定着する。

　黄色からの変身の裏には、主将を務めた高橋俊光（アカツキコーポレーション）の赤への強い思い入れがあった。あこがれのジョージ・ベストが所属したマンチェスター・ユナイテッドのチームカラーは赤であり、サッカー漫画の「赤き血のイレブン」が一世を風靡（ふうび）していたこともあって、赤にひかれ、イメージ一新を申し出た。「心機一転を図りたかった」と、高橋は当時の思いを語る。

　「赤の静岡工」がなじみ始めた1974年度、15年間にわたり指揮を執っていた松永が静岡高に転出、その静岡高を率いていた松本博之（焼津市在住）が新監督の座に就いた。

　松本には温めていたフォーメーションがあった。トップ2枚の4・4・2システムである。古典的なWMから4・2・4、さらに4・3・3と変遷する中で、前線に2人を据えるフォーメーションを模索してきた。新任地に赴いた松本は、4・4・2の採用に踏み切った。選手の個性を見極め、い

1974年度全国選手権 県予選決勝先発メンバー

GK	薫 仁彦			
FB	野 美訓	木 晴敏	野 良	青水 石 渡
HB	仲 正	神 和	山 登	石
FW	裏 大 岸 吉 平 落			晶彦 弘 満志 文信 田井合

しずおかの高校サッカー 戦後の球跡　静岡工④

イメージを一新した赤のユニホームで入場行進した1975年度全国総体開会式

ける—との手応えを感じ取ったからだ。高校生年代でいち早く採用した4・4・2システム。選手たちは、どう受け止めか。「別に違和感は感じなかった」(吉田弘＝日本サッカー協会)といい、新たなシステムを抵抗感なく受け入れた。といっても、6月の総体県予選はよもやの1回戦敗退に終わった。

だが、秋の選手権県予選で成長した姿を見せた。1次トーナメント、リーグ戦を勝ち抜き、ベスト4による決勝トーナメントに駒を進めた。4強対決はまず藤枝東と対戦、1—0で競り勝って決勝に進んだ。

決勝は全国選手権初出場が懸かっていた。相手は清水東。前半3分に先手を取られた。だが17分、右からチャンスをつくり、攻め上がった渡仲敏美(現・鈴木、茶業)が、20メートルのシュートをゴール右隅に決めて追い付いた。しかし、38分に決勝点を奪われ、1—2で敗れた。

念願の選手権初出場を目前にしながらの敗退だったが、布陣の大半を占めた2年生が中心になって、翌1975年度に夢を実現する。

静岡工 ⑤ 初の選手権 光放つ準V

県新人大会は準決勝で敗退した。しかし、「負ければ必ず借りを返した」とのサイドバックだった石神良訓（J磐田スタッフ）の言葉通り、奮起した総体県予選は決勝に勝ち上がった。

相手は清水東。新チーム結成後、1勝2敗と負け越し、下馬評でも劣勢だったが、そんな前評判を覆し、立ち上がりから攻勢に出た。前半20分、小気味よくパスをつなぎ、岸登志満（不動産業）がとどめを刺して先制する。その後、攻め合いになったが、主導権は渡さず、3─2で競り勝って、10年ぶり2度目の全国総体行きを決めた。

山梨県で行われた総体本番。1回戦で砺波工（富山）に7─0で圧勝して意気上がり、2回戦も相模工大付（現・湘南工大付、神奈川）を相手に優位に試合を進めた。しかし、不運なPKで先手を取られたのが響き、1─2で敗退した。

勝負の厳しさを味わった選手たちは、総体の無念さを晴らすべく、全国選手権予選に挑んで決勝まで勝ち上がった。相手は浜名。2─0と優位に進めたが、終盤、追撃を受け、1点差に詰め寄られた。しかし、土壇場で踏ん張って同点弾は許さず、2─1で押し切って念願の冬の代表権を獲得した。

初めて臨んだ全国選手権。だが、主将の落合信彦（本田技研）ら選手たちは臆することなく、

1975年度全国選手権決勝先発メンバー

GK			芳弘	誠美雄訓 弘彦
FB	山高渡谷石	木橋仲口神	敏幸良田	晶満
HB	吉落平岸	合井	信文登志	孝昭 和良
FW		大渡	石辺	

104

しずおかの高校サッカー　静岡工⑤
戦後の球跡

持ち味のつなぐサッカーを展開した。

初戦は東予工（愛媛）を2—0で退け、準々決勝はPK戦にもつれ込んだが、韮崎（山梨）に競り勝った。準決勝は木村和志、金田喜稔（ともにサッカー解説者）らの広島工（広島）を3—0で圧倒、初出場ながら決勝に進出した。

相手は田島幸三（日本サッカー協会）を擁する浦和南（埼玉）だったが、前半29分、落合のスローインを吉田が頭で流し、平井文晶（シード）がハーフボレーでけり込んで先手を取った。「練習通り」（平井）の先制シーンだった。ところが、後半、マークがずれたところを田島に突かれて2失点。1—2で逆転負けを喫した。

頂点には立てなかった。しかし、石神、吉田のその後の日本代表コンビや独特の得点感覚を持つ大石和孝（法大監督）といった、個性派集団が繰り広げるサッカーは光彩を放っていた。

全国に十分すぎるほどのインパクトを与えた、初出場準Vから33年後の2008年（平成20年）度、学校再編により、静岡工サッカー部は60年余りの歴史に幕を閉じた。

1975年度全国選手権表彰式。初出場準優勝の快挙にも笑顔はなかった＝大阪・長居競技場

静岡国体代表の座争う

藤枝北 ①

1965年度（昭和40）、本県3校目の全国選手権代表が誕生した。初代代表は1950年度の静岡城内（現・静岡）。1955年度からは藤枝東が圧倒的強さを誇り、1964年度まで10年連続、代表の座を占めていた。その藤枝東の連続出場を阻み、3校目に名を刻んだのが藤枝北である。

学校創設は1903年（明治36）3月、志太郡立農学校として歩み出す。県立藤枝農学校を経て、1948年度（昭和23）、新制・藤枝農業高として新たなスタートを切る。現校名の藤枝北高に改称されたのは、半世紀前の1961年度だ。

サッカー部誕生は藤枝農時代の1953年度。生徒たちの熱い思いが、部誕生の原動力となった。初代主将の深津三郎（焼津市在住）によると、「クラス対抗サッカー大会の盛り上がりはすごいものがあった」。それだけサッカーは生徒の間に定着していたのだ。

深津や2代目主将の鈴木常夫（静岡市在住）らが部創設運動を展開。教え子たちの声を受けた、赴任3年目の若手教諭、植田永二（藤枝市在住）の熱心な働きかけもあって、念願のサッカー部が産声を上げた。

監督に就任した植田の下、唯一の3年生だった深津、1年後輩の鈴木、それに1年生で3代目の主将になる八木敏夫（藤枝市在住）のサッカー

1953年度部創設当時の主力メンバー

GK	高繁	塚男	作男
FB	長勇郎	田忠	石繁
	種司	森三	
HB	杉宏	津兼	深光
	福夫	井科	常
	藁夫	谷	敏
FW	池鈴	木	正
	八相	木	馬

106

しずおかの高校サッカー 藤枝北 ①
戦後の球跡

経験者トリオが中心になってメニューを組み、練習に取り組んだ。

グラウンドが狭かったため、母校での練習はままならず、近くの小学校や建設中だった国道1号で、トレーニングに励んだ。それでも、先輩格の藤枝東と合同練習をしたり、地元の社会人チーム・志太クラブの指導を受けたりして、着実に力を伸ばした。

部誕生から4年目の1957年度は1巡目静岡国体開催年だった。地元開催とあって、学校が初めて合宿練習に許可を与えた。「この合宿は良かった」と主将の原木祥光（藤枝市在住）。初合宿を通し、結束力を強めたチームは、手応えをつかんで国体予選に臨んだ。

原木や副主将の寺田悟朗（藤枝市在住）を軸にチームは、決勝に勝ち進んで藤枝東と対戦した。練習試合は勝ったり負けたり。植田は「いけると思った」が、結果は0—3。植田が「東高の方が試合上手だった」と指摘すれば、原木には「欲がなかった」ことが敗因に映った。

最後に敗れたとはいえ、県代表の座を争った経験は、創部間もないチームとってまたとない財産となった。

1953年度創部当初のメンバーと指導陣

107

② 藤枝北

創部9年目　初の県制覇

1961年度、藤枝北は従来の「藤枝農」から現校名に替わった。創部9年目のサッカー部は「新生・藤枝北」の門出を祝うように、5月の県スポーツ祭で快進撃をみせて優勝。初めて県チャンピオンの座に就いた。

決勝は藤枝東と対戦した。1953年度創部の後発チームにとって、常に県をリードする藤枝東は大きな目標だった。前年度も決勝で顔を合わせ、1−2で敗れたが、1年後、藤枝東と互角に渡り合うまでに成長していた。

主将の山内初雄（藤枝市在住）によれば「個性派の集まりだった」。だが、「まとまると強かった」一方で「ばらばらになるともろい」

二つの顔を持っていた。

春の覇者を懸けた戦いは、まとまると強い顔を存分に披露する一戦となった。キックオフ直後、木野林（藤枝市在住）がいきなり決めて先制。これで勢いに乗ると波状攻撃を仕掛け、1人で「5点は取ったと思う」という木野の活躍もあって7−0の大差をつけ、常に目標とし、背中を追い続けてきた藤枝東を退けた。

藤枝東にすれば屈辱的な敗戦で、当時のメンバーの多くが「ショックだった」と口にする。

"打倒東高"を達成した藤枝北は、満を持して8月下旬の国体県予選に臨んだ。監督の植田が抱いていた「(本大会出場は)いけそうだ」との

	1961年度県スポーツ祭 決勝先発メンバー	
GK		司宣雄治
		橋浅興田山内
FB		俊初佑達富益辰 雄雄男林
HB		大半杉山原村
		池小池木池
FW		木野田 祐一郎

しずおかの高校サッカー　藤枝北 ②
戦後の球跡

1961年度スポーツ祭を制し、初の県チャンピオンの座に。優勝旗やカップを手に記念撮影

思いを体現するように、順調に決勝まで勝ち上がった。

相手は今度も藤枝東だった。春のスポーツ祭で圧勝していることから自信を持ってピッチに立ち、先制点を奪った。さらに小山益雄（愛知県刈谷市在住）の一撃がネットを揺らした。ところが、ノーゴールの判定で、2点目は幻に終わった。「何であれがノーゴールか」。その後、大商大―豊田織機と進み、日本リーグ（JSL）で活躍した小山だが、「あんな悔しいことはなかった」という。

加点機消失は、チームに決定的なダメージを与えた。闘争心がすっかり萎え、「意気消沈してしまった」と木野。勢いを盛り返した藤枝東の逆襲をしのぎ切れなかった。終わってみれば1―3。逆転負けし、初の国体出場も夢と消えていた。

不運な敗戦だったが、「東高は夏休みに力を付けていた」と山内は冷静に受け止める。OBの指導でぐんと成長するのが、藤枝東の毎夏の姿だった。ここに、伝統の違いを感じ取っていた。

藤枝北 ③ 全国懸け宿敵としのぎ

「対立の構図」こそ、競技力の向上に欠かせない。相きっ抗したチーム同士がしのぎを削りあうことは、相乗効果を生む。1960年代の藤枝の高校サッカーは、こうした状況が当てはまる。

藤枝といえば藤枝東――といわれていたが、1961年度、藤枝北がスポーツ祭を制し、初めて県の頂点に立ったことで、「対立の構図」が確立される。後輩格の成長で、両校は対戦するたびに見応えのある攻防を繰り広げた。両者の対決は、今ならさしずめ"藤枝ダービー"として話題を呼んだはずだ。

有力校の一角に名を連ねるようになったが、全国行きが懸かった戦いになると、藤枝北には決ま

って跳ね返される存在があった。藤枝東であり、力を付けてきた藤枝北といえども、その壁を突き破るのは容易ではなかった。

1962年度の全国選手権県予選。学校初のユース代表、小山を擁し、決勝に進んだ。初めての決勝進出で意気上がったが、藤枝東に0―3で屈した。

翌1963年度は、まず国体予選準決勝で藤枝東と顔を合わせた。松田幸男（藤枝市在住）、堀江喜作（神奈川県海老名市在住）のユース代表コンビを軸にしたチームは、攻守に隙がなく、評価は高かった。事実、押し続けたが、結果は0―1の惜敗だった。

1963年度全国選手権 県予選準決勝先発メンバー		
GK	小沢	志郎
FB	桜井	隆彦
	梅原	勝男
HB	松田	幸雄
	仁藤	孝志
	大塚	登四郎
FW	増井	佳男
	増田	光治
	村松	昭作
	堀江	喜明
	藁科	佳

110

しずおかの高校サッカー 戦後の球跡　藤枝北 ③

選手権予選も準決勝で藤枝東と対戦した。堀江は試合前のあいさつで、主審が「事実上の決勝戦だから」と語りかけたのを鮮明に覚えている。試合は藁科佳明（故人）のシュートで先制したが追い付かれ、1―1のまま延長、引き分け。抽選の末、勝ちを譲った。

抽選に臨んだ主将の松田は終わった瞬間、込み上げてきたのは無念さではなく、「東高とこれだけ戦えたんだから」との思いだったという。

1964年度は選手権予選決勝に駒を進め、またも藤枝東と相まみえた。後半30分の決定機を相手GKの美技で阻まれ、延長も時間切れ寸前に決勝点を奪われ、0―1で涙をのんだ。「伝統の差というのだろうか、藤色のユニホームにはどうしても勝てなかった」とは、右ウイングだった増井佳四郎（現・芳賀、藤枝市在住）。

宿敵との競り合いを制した藤枝東は、1962、1963年度に選手権連続制覇。1964年度は国体準優勝と、全国の強豪としての地位を確固たるものにする。1965年度、藤枝北はその強豪を乗り越え、待望の全国へ初名乗りを上げることになる。

国体予選や選手権予選で、常に藤枝東と好勝負を展開した1963年度の卒業部員

111

④ 藤枝北

強敵破り　念願の選手権

　藤枝北にとって、念願の全国行き実現は藤枝東の分厚い壁を突き破ることにかかっていた。

　1965年度の国体県予選。準決勝でまたも藤枝東と対戦したが、とうとう2—0で退けた。遂に達成した"打倒藤枝東"。さあ、これで初の全国行きだ—と意気上がると思われたが、逆に「東高に勝ったことで気が抜けてしまった」といい、決勝で静岡工に0—1で屈して、初代表の座を逃した。

　続く全国選手権県予選。準決勝で再度、藤枝東と顔を合わせ、前半、0—1とリードを許した。とはいえ、内容はむしろ上回っていて、監督の鈴木優（藤枝市在住）は、ハーフタイムで元気づけることだけを心がけた。鈴木は部長に回った、部育ての親である植田の後を受け、3年前から指揮を執っていた。

　後半17分、再び失点した。致命的な2点目と思われたが、ピッチの選手たちは「負ける気がしなかった」という。その思いは形となって表れた。

　4分後、池谷吉男（愛知県豊田市在住）が20メートル弾を決め、30分にはPKを薮崎幸裕（藤枝市在住）が確実にけり込み、延長に持ち込んだ。そして迎えた延長後半6分、FKを受けた木野良博（藤枝市在住）が頭でねじ込んで、決勝点をたたき込んだ。

1965年度全国選手権 先発メンバー			
GK	磯部利彦		隆
FB	鈴塚	幸	孝裕司
	飯薮崎金石	高上	隆瞬	明博勇男隆
HB			
FW	伊久木小	美野川	良吉英
		谷崎	池川

112

しずおかの高校サッカー　藤枝北 ④
戦後の球跡

1965年度全国選手権予選を制し、初出場を決めて記念撮影する＝藤枝東高グラウンド

準決勝で藤枝東を破りながら、決勝で苦杯をなめた国体予選と同じ轍は踏まなかった。清水東と対戦した決勝は、動きが硬く守勢に回った。

しかし、後半27分、小川勇（藤枝市在住）が決勝点を奪い1―0で競り勝って、念願だった全国への出場権を獲得した。

初出場ながら、前評判は上々だった。1回戦は下馬評にたがわぬ内容で、新宮商（和歌山）を5―0で退けた。好発進にムードは上がったが、2回戦は新島学園（群馬）に2―4で屈した。まさかの2回戦敗退だった。前半4分に早々と失点したことで「浮き足立ってしまった」とRHの薮崎。LHの石上瞬二（藤枝市在住）は「全国を知らない弱さが出た」と分析する。

選手権本番では真価を発揮できなかった。それでも、打倒藤枝東を達成した末に念願だった全国のピッチに立った実績は、まもなく還暦に達する藤枝北サッカー部の歴史にしっかりと刻まれている。

清水商 ①

1年生2人 創部に奔走

インターハイの通称で呼ばれる全国高校総体は、真夏の高校生アスリートによるスポーツの祭典だ。清水商が初めて踏んだ全国のピッチが、この真夏の祭典だった。1969年度（昭和44）のことである。

全国への名乗りは、県内8番目。だが、その後の充実ぶりはめざましい。全国制覇は選手権3回、総体4回、全日本ユース（U-18）5回の合わせて12回、全日本ユースのプレ大会を含めば実に13回を数える。この際立つ歩みは、1951年（昭和26）2月に始まった。

当時の校長、神戸収介（故人）が、二人の1年生、上斗米熈（かみとまいひろし）と岸山忠正（ともに静岡市清水区在住）に呼び掛けた。「これからは蹴球（サッカー）が盛んになる。部をつくらないか」と―。

「サッカーのサの字も知らない」（上斗米）二人だったが、校長の意を受け、部発足に奔走した。同期生に声を掛け、新学期が始まると新入生を勧誘して、「何とか頭数をそろえ、発足にこぎ着けた」と上斗米は60年前を思い起こす。

"キックオフ"はしたものの、狭いグラウンドに後発の部活動が入り込む余地はなく、やむなく近くの小中学校などを渡り歩いたという。部長は社会科教師の伊藤恭雄（故人）が務めたが、練習はもっぱら部員主導。岸山によれば「暗中模索。見よう見まねだった」。各校の部長、監督が

**1951年度
部発足当時の部員**

正雄　熈男夫宏明夫茂司明造雄
忠竹　照久道　哲　康和哲俊
山田米田口田藤上木端沢本島
岸植　上斗吉溝中斉佐々川金山中

114

しずおかの高校サッカー 戦後の球跡　清水商①

集まる責任者会議への出席は、上斗米の役目だった。

それでも、積極的に大会に参加した。さすがにチーム力は整わず、黒星が重なった。大会名は不明だが、静岡工に1—7で大敗した。この時、上斗米は「1点を取られた」と、静岡工の選手たちが怒られたのを、よく覚えている」といい、当時のチーム力を物語る思い出だ。

1953年度になると、ベルリン五輪代表の堀江忠男（故人、浜松市出身）と早大同期生の塚本龍平（故人）が監督に就任。日本軽金属をはじめ、地元社会人チームに所属する選手たちの後押しも加わって着実に成長、創部50周年誌「蹴闘（シュート）」を開くと、選手権や国体の県予選へ積極的に挑戦した姿が浮かび上がってくる。

1952年度卒の1期生の面々と顧問教師

② 清水商

選手権予選で優勝争い

　創部7年目の1957年度、部員の減少からチーム編成もままならない状態に陥った。この危機的状況から脱すべく、監督の塚本と数少ない3年生が部員獲得に奔走、有望な新1年生を迎え入れるのに成功した。こうして危機から抜け出すと、2年後の1959年度、全国選手権県予選で優勝争いを演じ、注目を集めた。

　正月の本大会出場を懸けた戦いで、清水商は沼津東、興誠商（現・浜松学院）を連破して4強入りし、準決勝で清水東と対戦した。清水東は1957年度の国体で初出場初優勝の快挙を達成し、実績でははるか先を行く存在だった。

　そんな清水東に2ー1で競り勝った。決勝点は主将を務めた杉山肇（静岡市清水区在住）が生み出した。1ー1の後半、ハーフウェー付近からの一撃が、GKの頭上を越えてゴールに吸い込まれたもので、そのシーンは杉山の脳裏にしっかりと刻まれている。

　決勝は藤枝東と顔を合わせた。無類の強さを誇る藤枝東が相手とあって、0ー3で屈し、全国への道を断たれた。ゴールキック数を調べると、藤枝東のわずか2本に対し、なんと25本。この数字だけをみても、いかに圧倒され続けたかが分かる。

　だが、藤枝東を率いた長池実（故人）は対戦

1959年度全国選手権県予選決勝先発メンバー

GK	熊沢		昇
FB	大上	久肇	明彦
	杉山	義夫	譲
HB	原	弘	明
	大石	恒信	義也
	桑原	昌邦	嘉和
FW	牧田	木牧	
	古田	鈴上	
	吉村		

116

しずおかの高校サッカー　清水商②
戦後の球跡

全国選手権県予選で準優勝した1959年度の卒業生

相手の潜在能力に着目していた。杉山によると、長池は「清商は練習次第で強くなる」と語ったといい、後にこの言葉は現実となる。

1963年度、清水商は新たな指導者を迎える。苫米地康文（静岡市駿河区在住）である。担当教科は英語だったが、旧清水市内などの中学校を指導し、好チームに育て上げていた。歴代スタッフ一覧では、監督就任は1965年度となっているが、実際には赴任当初から指揮を執った。この苫米地の下、清水商は全国への道を切り開いていく。

といっても、その道のりは平坦なものではなかった。苫米地が赴任した1963年度の国体予選で準決勝まで進んだものの、その後は国体、選手権、総体各予選で上位に進出することなく、姿を消していた。それでも苫米地に率いられながら、地道な取り組みを続けた。

こうした地道な活動が、1969年度にようやく実を結ぶ。スポーツ祭を制して、初めて県の頂点に立つと、総体予選でも初優勝し、固かった全国への扉をこじ開けたのだ。創部19年目のことだった。

清水商 ③

初の全国で鮮烈の準V

1969年度のシーズンインに備え、春休みを利用して滋賀県に遠征した。この遠征を通し、「やれそうだとの手応えを感じた」と、当時の主将で、いまは母校の指揮を執る川口雅良（現・大滝、静岡市清水区在住）が振り返った。

主将の目の確かさを立証するように、5月のスポーツ祭を制し、初めて県王者に輝いた。続く戦いの場は6月の総体県予選。ここでも快調な歩みをみせて決勝に進出し、静岡工と対戦した。

全国行きを懸けた戦いは互いに譲らず、0—0で延長にもつれ込んだ。その延長も後半。1年生ながらCFに起用された山田良雄（イハラケミカル）がGKのファーサイドに流れた右センタリングをとらえ、決勝点をたたき出した。「1年生なので無我夢中だった」というプレーが勝利を呼び込み、全国へ初名乗りを上げた。

総体本番は栃木県で行われた。初の全国舞台とあって「一戦一戦必死だった」と川口。だが、1回戦で福島工（福島）を4—1で倒して勢いに乗り、快進撃をみせて4強入りする。準決勝は地元勢の宇都宮学園（現・文星芸大付、栃木）が相手だったが、望月脩司（静岡市清水区在住）の4得点の活躍もあって、6—0と圧勝し、初出場ながら決勝に勝ち上がった。

決勝は浦和南（埼玉）と顔を合わせた。永井良和（後の日本代表）を擁し、漫画「赤き血の

1969年度全国総体決勝先発メンバー

GK	市川正信
FB	朝倉久雄
	天野敏夫
HB	望月豊仁
	青木成光
	川口雅良
FW	河村栄一
	遠藤吉則
	山田良雄
	望月脩司
	大多和辰彦

しずおかの高校サッカー 清水商③
戦後の球跡

イレブン」のモデルになった強力チームだった。

しかし、果敢に立ち向かい、前半8分、準決勝で気を吐いた望月脩のシュートで先手を取った。

永井に同点弾を許したが、後半6分、今度は遠藤吉則（東洋製罐）が決めて、再びリードした。

結果は、浦和南の反撃に遭い、2－4の逆転負けだった。「選手諸君に申し訳なく思った」と、監督の苫米地は、記念誌「蹴闘」の中で自戒している。だが、初めて踏んだ全国舞台でいきなり準優勝し、「清商」の名を強く印象付けたことは間違いない。

選手権は総体で準優勝したことから、国体で3位に食い込んだ藤枝東とともに、推薦出場した。選手権のピッチを踏むのも初の体験だった。

冬の全国初挑戦は、2回戦で韮崎（山梨）に2－3で屈した。とはいえ、夏に続いての全国体験は、貴重な財産としてその後の歩みに生かされていく。

1969年度総体県予選で初優勝し、金メダルを贈られる

④ 清水商

奇跡の逆転 再び全国へ

　全国選手権県予選は1次トーナメント、リーグ戦、決勝トーナメントを経て、代表校を決める方式が定着している。ところが、1971年度は1次、2次トーナメント、決勝リーグと進む形を採用した。清水商は最終関門の決勝リーグで奇跡を起こし、この年度の出場切符を手にする。2年ぶり2度目の全国選手権行きだった。

　決勝リーグを争ったのは清水商、藤枝東、浜名、藤枝北の4校。最終日の第1試合で藤枝東と浜名が対戦し、1-1で引き分けたため、代表の行方は第2試合の清水商-藤枝北戦が握ることになった。とはいっても勝ち点4で一歩リード、しかも得失点差で5点と大きな貯金があった。

　清水商はどうだったか。勝てば勝ち点で並ぶ。しかし、得失点差で上回るには6点差以上の勝利が必要だった。逆転はほぼ不可能な状態であり、藤枝東の選手たちもリーグ戦1位は信じて疑わなかった。

　ところが、清水商は大逆転劇をやってのけた。開始直後に橋本三郎（大阪府茨木市在住）が決めたのを皮切りにゴールを量産、なんと7-0の大差で勝利を収め、県代表の座を獲得した。

　"奇跡"にスタンドはどよめいたが、監督の苦米地には「7分3分でいける」との思いがあった。

1971年度全国選手権 準決勝先発メンバー	
GK	久保田 介夫
	信 弘保
	繁 敏博介
FB	竹益 正一郎
	白井 洋雄
	村上 俊明
HB	熊沢 三良
	小笠原 本義
	西ケ谷 田神
FW	橋 山峰
	石

しずおかの高校サッカー　清水商④
戦後の球跡

1971年度全国選手権県予選決勝リーグ最終戦。
清水商（濃いユニホーム）は猛攻を仕掛け奇跡の逆転V＝清水市営グラウンド

　全国選手権本番。2回戦から登場すると、松本県ケ丘（長野）を2―0で退け、報徳学園（兵庫）を4―0で圧倒して、ベスト4に駒を進めた。

　壬生川工（現・東予、愛媛）と対戦した準決勝の前評判は、明らかに清水商優位だった。最終ラインは白井益弘（横浜市在住）、中盤は橋本、前線は主将の山田良雄を軸にした布陣は、攻守にバランスが取れていたからだ。

　しかし、現実は厳しかった。前半5分に先手を取られ、焦りが出た。20分に追い付いたが、リズムに乗れず、後半35分に突き放されて1―2で敗退した。

　実は、この選手権は1969年度総体の浜名優勝から数え、静岡県勢の全国大会6連覇が懸かっていた。だが、指揮官は県勢6連覇はおくびにも出さず、「ベストを尽くす」だけことを要求した。県予選決勝リーグ最終戦と同様に。その結果が選手権ベスト4だった。

121

清水商 ⑤

OB監督の下 総体8強

　1974年度、拓大を卒業したばかりの大滝雅良（当時は川口、静岡市清水区在住）が、母校の清水商に商業担当教師として赴任した。大滝は1年間、コーチを務め、2年目の1975年度、恩師の苫米地からバトンを受けて監督に就任。以来、指揮を執り続けている。

　大滝を母校の指導者に導いたのは、苫米地だった。3年間、大滝を見続けた苫米地は、後を任せる適任者——と判断したのだ。清水商はこのOB監督の下、選手権、総体、全日本ユース（U−18）合わせて12回、ユースプレ大会を含めれば13度の優勝を刻むことになる。

　母校に戻った大滝は、厳しい練習を選手に課し た。当時の思いを「全国大会に出場するために、他の指導者が10年必要とするものを2〜3年と結果を出したく…」と、記念誌「蹴闘」で披歴している。

　母校を率い、監督として初めて全国の舞台を踏んだのは赴任6年目、滋賀県で開催された1979年度全国総体だった。主将として臨んだ1969年度以来の総体本番、清水商にとっても10年ぶりだった。

　県予選は決勝で静岡学園と対戦、6−1と圧勝した。前評判は決して高くはなかったが「大会に入って徐々に調子を上げ、最後に爆発した」と2年生GKだった足立高浩（アダチGKアカ

1979年度全国総体県予選 決勝先発メンバー

GK	足立	高浩
FB	立村	真弘
	高沢	伸樹
	風中	野卓
	佐深	沢木
HB	鈴風	木間
	後中	藤島
FW	佐	野
		八

（縦書き氏名：足立高浩、立村真弘、高沢伸樹、風中野卓、佐深沢木、鈴木間、後藤島、佐野八 — 右列：浩伸達司文宏一雄光進／行宏／義行宏）

しずおかの高校サッカー 清水商⑤
戦後の球跡

デミー)。

この大会は佐野宏光(佐野設備)、後藤義一(前JFL高崎監督)、佐野達(JFL長崎監督)の1年生トリオが先発出場。主将の鈴木章文(静岡市役所)は「1年生が思い切りプレーできるように気を配った」といい、期待に応えて決勝では佐野宏が5得点と大暴れした。

こうして実現した総体出場だったが、本番を控え、大きな問題に直面した。大黒柱の風間八宏(筑波大監督)が世界ユース合宿参加のため、欠場するかもしれないというのだ。だが、開幕直前に合流許可が出て、辛うじて初戦に間に合った。

大黒柱も合流して順調に勝ち進み、準々決勝で帝京(東京)と対戦した。事実上の決勝といわれた試合は、立ち上がりから押し込んだ。しかし前半20分、こぼれ球を押し込まれて失点。攻勢は続けながらもゴールは遠く、0－1で苦杯をなめた。

初出場でいきなり準優勝した10年前に続く、決勝進出はならなかった。とはいえ、後の全国制覇に向け、大きく踏み出したことは間違いない。

1979年度全国総体県予選決勝。5得点の佐野宏光(手前右)の活躍で6－1と静岡学園を圧倒=県営草薙球技場

⑥ 清水商

宿敵打倒 選手権も4強

勝負を挑む時、目標は高いほど燃える―といわれる。1981年度の全国選手権県予選を前に、清水商は"打倒清水東"に燃えていた。清水東は前年度、全国総体を制し、選手権は準優勝、1981年度は総体2連覇と無類の強さを誇っていた。旧清水市内のライバル校であり、清水商にとっては何としても越えなければならない目標だった。

さて、選手権予選。清水商は総体予選で4強入りできなかったため、第2シードに回り、第2関門のリーグ戦で清水東と激突した。

ともに2勝同士で迎えたリーグ戦最終日。清水商は先手を取られたが、気迫に満ちたプレーで盛り返し、2―1の逆転勝ちで決勝トーナメントに進出した。両校には小学校時代から全清水などでともに戦った、かつての仲間が名を連ねていた。「どうしても勝ちたかった」という主将の後藤義一は、記念誌・蹴闘に「全てを懸けた一戦」と記している。

"打倒清水東"を達成して臨んだ、4校で争う決勝トーナメント。初戦は藤枝東の鋭い出足に苦しんだが、1―0で競り勝った。静岡工と対戦した決勝は、押し気味に進めながら決め手を欠いた。だが、後半終了直前、豊島寿文（富士通）が豪快に蹴り込み、1―0で勝利を収めて、3度目の本大会出場を決めた。

1981年度全国選手権県予選決勝先発メンバー

GK	望月	佳俊	達好	紀彦哉達洋仁一孝行文光
DF	川野佐川	島村野崎		
MF	川後鍋	村藤田	昭義信	
FW	久豊佐	保田島野	寿宏	

124

しずおかの高校サッカー　清水商⑥
戦後の球跡

1981年度全国選手権県予選を制し、10年ぶりの本大会出場を決める＝県営草薙球技場

　大会入りを前に、県予選でしのぎを削った清水東と練習試合を行った。結果は0―3の完敗だった。守りのリーダーだった佐野達は「これで気持ちが引き締まった」ことを記憶している。

　10年ぶりに踏んだ全国選手権の舞台。初戦（2回戦）の天理（奈良）戦は鍋田佳孝（三菱電機）、3回戦の八千代（千葉）戦は豊島の決勝弾で、ともに1―0で下して8強入りした。準々決勝は前半に後藤、後半に鍋田が決めて、作陽（岡山）を2―0で退け、10年前と同様、準決勝に駒を進めた。

　相手は韮崎（山梨）だった。前半開始50秒、左サイドのFKを生かし、後藤が先制点をたたき出した。早々と先手は取ったものの、勢いに乗れず逆に2失点。終盤の同点弾も際どいオフサイドで幻と消え、1―2で逆転負けを喫した。決定力不足も響いて、決勝進出は逃した。だが、2年前の総体8強からの前進に、評価は間違いなく高まった。

125

清水商 ⑦ 総体準決勝 PK戦で涙

1979年度総体8強、1981年度選手権4強に続き、1983年度は愛知県開催の総体で4強入りし、全国上位常連校としての地位を確固たるものにする。

だが、県予選は主将の芦沢敏之（東芝）ら主力にけが人が続出し、苦しい布陣での戦いを強いられた。それでも、準決勝まで無失点と踏ん張り、決勝に進出した。

決勝の相手は、三浦泰年（J北九州監督）、向島建（J川崎スタッフ）らを擁する静岡学園だった。試合は静岡学園が前評判通りの強さを発揮し、清水商は防戦に追われた。「とにかく苦しかった」と左サイドバックの望月敬之（ヘアーサロンハルカ）。

だが後半18分、ワンチャンスを逃さず、佐々木健三（静岡銀行）が決勝ゴールをたたき出して、1—0で競り勝った。V決戦も無失点で切り抜け、スイーパーを務めた伊達倫央（J清水スタッフ）は「しのいで勝った」と振り返る。

苦しみながらの県予選突破に、監督の大滝は「頑張れば道は開けることを教えてくれた」と受け止めた。控えに回った3年生の存在も大きかった。2年生のスタメン組だった杉山広晃（焼津市役所）は、「いつも後押ししてくれたから下級生が思いきりプレーできた」と強調する。

全国総体はけが人も戦列に戻った。1回戦で盛

1983年度全国総体 準決勝先発メンバー

GK	信彦央善之慶之晃宣彦巳	知康倫正敬安敏広広敏昌	山野達野月田沢山川沢田	奥佐伊沼望前芦杉石竹牧
DF				
MF				
FW				

しずおかの高校サッカー　清水商⑦
戦後の球跡

岡商（若手）を4−1で圧倒し、その後、前橋工（群馬）、守山（滋賀）、真岡（栃木）と連破して4強入りした。

ここまでは順調な歩みをみせたが、準決勝の四日市中央工（三重）戦は立ち上がりから守勢に回り、「気が付いたら」（伊達）スコアは0−3。

しかし、前半終了直前、交代出場の1年生、江尻篤彦（日本サッカー協会）がゴールを奪った。この1点でムードは一転。後半18分の伊達の一撃で詰め寄り、江尻が再び終了直前に決めて、PK戦に持ち込んだ。

PK戦も譲らず、サドンデスの6人目、望月敬の失敗で激闘に終止符が打たれた。望月敬は県予選決勝で東海大一の同点ゴールを阻止して、窮地を救ったのに「集まれば話題になるのはPK戦のことだけ」と苦笑する。

四日市中央工は、水戸商（茨城）との決勝も競り勝って、総体初優勝を飾った。清水商は2年後、四日市中央工と今度は全国選手権の舞台で、またも相まみえることになる。

1983年度全国総体県予選決勝で静岡学園に競り勝ち、記念撮影＝県営草薙球技場

❽ 清水商

選手権制し初の日本一

　全国大会で上位に食い込みながらも、頂点に立てなかったが、1985年度の全国選手権で、初めて高校日本一の座に就き、悲願を達成する。

　高校日本一への歩みは、出だしでいきなりつまずく。二大タイトルの一つ、全国総体を目指す県予選1回戦で浜松北と対戦、延長の末、1－2で競り負けたのだ。よもやの初戦敗退にダメージは大きかったが、「負けたことで一丸となった」と、GKの真田雅則（故人、元J清水スタッフ）、DFの鈴木康仁（日立空調エスイー）も、チームが引き締まったことを感じ取ったという。

　再起を誓って臨んだ選手権県予選。今度はつまずかなかった。

4強による決勝トーナメントに進出し、まず、静岡を2－0で破って決勝に駒を進めた。相手は、後に初期のJリーグでプレーする主将の杉本雅央（トップ印刷）以下、強力布陣の東海大一だった。

　試合は戦前の予想通り白熱した。清水商が2年生のCF、青島文明（浜松開誠館監督）のゴールで2度先行すれば、東海大一がその都度追い付き、2－2のまま延長にもつれ込んだ。さらに、大会史上初のPK戦に突入、最後は守護神・真田が真価を発揮して清水商が競り勝った。

　当時は「全国より静岡で勝つ方が難しい」と言われていた。2得点の青島は、その言葉を全国舞台を踏んで実感する。「やはり県の決勝が最

1985年度全国選手権 決勝先発メンバー	
GK	真田　雅則 仁利也信紀司秀昌明彦
DF	鈴木　康恒哲義芳 望月　清橋下沢信秀文篤 　　　　高山深岩中島尻
MF	
FW	田青江

128

しずおかの高校サッカー　清水商⑧
戦後の球跡

1985年度全国選手権決勝。初制覇に沸く清商スタンド＝国立競技場

も厳しかった。全国は負ける気がしなかった」と。

4年ぶりの選手権本番。佐賀学園（佐賀）、鎌倉（神奈川）、五戸（青森）を余裕ある展開で退け、準決勝で宇都宮学園（現・文星芸大付、栃木）と対戦した。黒崎久志（J新潟監督）を擁する好チームで接戦となったが、後半4分、深沢司（静岡市清水区在住）が会心のドリブルシュートを決め、1—0で制した。

決勝は四日市中央工（三重）と顔を合わせた。2年前の全国総体準決勝でPK負けした相手だったが、1カ月前の練習試合では2—0で圧倒し「自信を持って」（真田）迎え撃った。V決戦だけに立ち上がりは硬かったが、すぐにペースをつかむと、練習試合と同じスコアで押し切った。

全国選手権挑戦4度目、創部35年目で成し遂げた初の高校日本一。チームをまとめ上げた主将の江尻を先頭にしたウイニングランに、喜びが凝縮されていた。

清水商 ⑨ 光る堅守で4度目総体

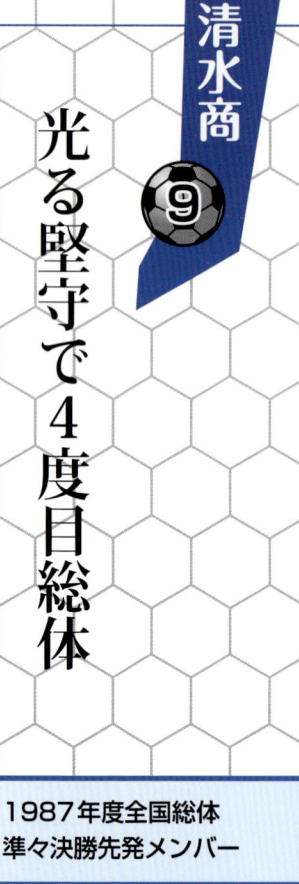

1985年度の全国選手権を制し、冬を舞台に、初の高校チャンピオンの座に就いた清水商は、1年置いた1987年度、全国総体出場を決め、今度は夏制覇に挑む。

この年度は新チーム発足後の新人大会で優勝し、春休みに韓国へ遠征した県高校選抜に、主将の岩科信秀（矢崎計器）以下8人を送り込んだことなどから、総合評価は高かった。

総体県予選は準々決勝で清水東を3−1で倒して、準決勝に進出した。「ベスト4の顔ぶれをみて、いけると思った」（岩科）といい、準決勝は沼津学園（現・飛龍）を4−0と圧倒した。決勝は浜名と対戦。前半2分、岩科が決めた

PKの1点が決勝点となった。MVPはセンターバックの平岡宏章（J清水スタッフ）。FWからコンバートされたばかりで「夢中だった」というが、平岡を軸にした堅守は光り、浜名の追撃を振り切った。

総体本番は4年ぶり4度目。九州学院（熊本）に2−1で競り勝つと、山城（京都）を4−0、作陽（岡山）を5−0と圧倒し、準々決勝で帝京（東京）と対戦した。

開始40秒、ゴール前の混戦から三浦文丈（横浜Mスタッフ）が決めて幸先いいスタートを切った。しかし、磯貝洋光、森山泰行、遠藤昌浩ら後のJリーグ組をそろえた、強力布陣の帝京の

1987年度全国総体 準々決勝先発メンバー

GK	年 将 浦	治 彰	典 幸	章 宏	真 徹	信	哉 義	秀 俊	丈 信	一 文	人 雄 正
DF	三 原	松 岡	橋 田			
	村 平	山 杉	浦			
MF			高 藤 岩			
FW			三 安 古			

130

反撃に逆転を許し、1―3で屈した。帝京には練習試合で「こてんぱんにやられた」（岩科）苦い経験があり、本番で借りを返すことができなかった。

夏の全国制覇は逃した。だが、2度目の冬の全国一を目指して臨んだ選手権県予選は、総体予選と同様、着実に勝ち上がって決勝に進出した。相手は東海大一。前年度の全国選手権で出場初優勝をやってのけ、1年後も主将の沢登正朗（サッカー解説者）をはじめ、実力派で固めていた。

実力伯仲同士の対決。岩科は「東一に勝たなければ、全国も勝てない」と受け止めていた。

V決戦は土曜日の午後開催だった。当時は週五日制実施前で、清水商は午前の授業をこなして試合に臨んだ。守りのかなめの平岡が受けたのは体育。マラソン大会の練習で、手を抜くことはできなかったといい、授業に全力投球したことで体力を消耗、試合が始まると足にけいれんを起こし、途中退場した。結果は0―2。東海大一に代表の座を譲った。

1987年度全国総体県予選決勝を制し、表彰式後に勢ぞろい＝清水市営グラウンド

⑩ 清水商

平成初の選手権王者に

　1980年代後半、県内の王座を懸けた争いは、清水商、清水東、それに台頭著しい東海大一の旧清水市内の3強が主導した。中でも清水商と東海大一の競り合いは見応えがあり、清水商が1985年度（昭和60）の全国選手権で初優勝すれば、東海大一が1986年度の全国選手権で初優勝、1987年度準優勝と続いた。そして1988年度、今度は清水商が全国選手権で2度目の頂点に立つ。

　全国選手権2度目のVロードを進む清水商が、県予選決勝で対戦したのは清水東だった。清水東は準決勝で東海大一との接戦を制し、勝ち上がってきた。

　試合は先行を許したが、清水商は武岡秀樹（本田技研）のシュートで追い付き、1－1で延長にもつれ込んだ。決勝点は延長後半3分、太田貴光（富士常葉大コーチ）のシュートのこぼれを、1年生FWの山田隆裕（J横浜などに所属）がタイミングよく蹴り込んだ。

　ユニホームカラーは、ともに正が青、サブが白で、清水商は青で臨んだ。実は、両者の対決は、サブユニホームを着用した方の勝率が高かったことから、清水東が白に強いこだわりをみせたのだった。勝利を収めたのは青の清水商。主将の三浦文丈（横浜Mスタッフ）は「ユニホームの色は気にならなかった」と振り返る。

　3年ぶり5度目の全国選手権。初戦（2回戦）

1988年度全国選手権 決勝先発メンバー	
GK	内藤　貴之治 正達　泰彰崇 記原崎　貴光 文俊丈哉 田隆裕 秀岡賀正 武古人
DF	榊原岩原 三浦田山
MF	藤山
FW	

しずおかの高校サッカー　清水商⑩
戦後の球跡

表彰式後、優勝旗を囲んであらためて2度目のVの味をかみしめる＝国立競技場

こそ神戸弘陵（兵庫）を3―0と圧倒したが、2戦目からは仙台育英（宮城）が1―0、盛岡商（岩手）が0―0の末、PK勝ち、前橋商（群馬）が2―1と僅差の競り合いをものにして、決勝に駒を進めた。

勝負強さに加え、しぶとい守りも目立った。準決勝まで4試合でわずかに失点1。「しのげば、点を取ってくれると信じていた」と左サイドバックだった山内崇（リベルダージ駿東代表）。

決勝は市船橋（千葉）と顔を合わせた。序盤から守勢に回り、「しのぐしかなかった」と監督の大滝。耐え抜いた後半18分、一瞬の隙を逃さず、三浦―山田とつないで決勝点をたたき出した。三浦は「根拠はないけど勝てると思っていた」といい、この大会の戦いぶりを象徴する、1―0での勝利だった。

準決勝当日朝の昭和天皇崩御で、日程が2日延期された。選手たちは急きょ帰省し、コンディションを整え直して元号が改まった"平成決戦"に臨み、2度目の優勝を勝ち取った。

133

清水商 ⑪ 総体初V後に落とし穴

元号が平成に替わると、清水商の強さはさらに加速する。

1989年度(平成元)のチームは、冬の新人大会を制して順調に滑り出した。直前の全国選手権で2度目の優勝を飾ったが、その分、新チームのスタートは遅れた。しかし、出遅れを感じさせずに勝ち抜き、実力の確かさを証明した。

全国総体県予選も確実に勝ち進み、決勝で清水東と顔を合わせた。試合は互いに譲らず、1—1で迎えた再延長前半1分、藤田俊哉(前J千葉)がクリアボールをカットして切り込み、決勝点をたたき出した。

高知県で行われた8月の全国総体。前年度の全国選手権で初優勝したことから、対戦相手のマークは厳しかった。それでも、初戦で秋田経法大付(秋田、現・明桜)を2—0で下したのを皮切りに、安定した戦いぶりをみせ、習志野(千葉)、宮崎工(宮崎)、高槻南(大阪)にいずれも完封勝ちして4強入りした。

準決勝は南宇和(愛媛)と対戦し、2—0で退けた。南宇和は5カ月後の全国選手権で優勝する好チームだったとあって、「この一戦を乗り越えたのが大きかった」と指揮を執った大滝。決勝の大宮東(埼玉)戦はエンジン全開。開始2分の山田の先制ゴールを手始めに、田光仁

1989年度全国総体 決勝先発メンバー

GK	若林 孝治 剛之洋史
DF	大岩 泰了潤重良章浩哉裕重 岩崎川沢月松波田田光 薩深望村名藤山田
MF	
FW	

134

重（静岡スバル）、名波浩（J磐田アドバイザー）らが次々と決めて、6−2で圧勝。2年ぶり5度目の挑戦で、初めて夏の王座に就いた。冬の選手権に続いて夏を制し、大滝は「チームとして成長してきた」ことを感じていた。

ところが3カ月後、厳しい現実に直面する。選手権の県予選準決勝で、清水東に0−0延長の末、PK負けしたのだ。「まさか、と思った。想定外だった」と主将を務めた藤田。

総体と選手権予選の間に、全日本ユースプレ大会があり、清水商は桐蔭学園（神奈川）、国見（長崎）といった強豪に競り勝ち、優勝した。クラブと高校のチームが、同じ舞台で競い合う大会として注目を集める中で、清水商の強さは際立っていて、準決勝で対戦した桐蔭学園の李監督が「高校生離れしたチーム」と評したほどだった。

ところが、新たな戦いの場はスケジュールの過密度を増す結果にもなった。「息をつく暇がなかった。休みを与えてやっていれば」。全国選手権への道を断たれ、大滝はそんな思いを強くした。

1989年度全国総体表彰式。賞状を受けるのは主将の藤田＝高知・春野総合運動公園陸上競技場

⑫ 清水商

総体連覇、ユースも制す

選手権、総体に加え、1990年度、高校生年代に新たな戦いの場が加わった。クラブと高校のチーム同士が同じピッチで競い合う、全日本ユース（U–18）で、前年度のプレ大会を経て実施されることになった。

これにより、国体参加が単独校から選抜制に切り替わって以来、途絶えていた「三大タイトル」が21年ぶりに復活。1990年度の清水商は、復活後初の三冠獲得に王手を掛ける。

まず総体。準決勝で磐田東、決勝で清水東を退けて県予選を突破し、本大会に進んだ。全国総体は2年連続6度目で、連覇が懸かっていた。

初戦（1回戦）は山城（京都）に4–0、3回戦は暁星（東京）に3–0、準々決勝は鹿児島実（鹿児島）に6–0と、いずれも完勝。準決勝も北陽（大阪）を2–0で下して決勝に名乗りを上げた。

主将の山田が初戦で負傷したのをはじめ、けが人続出で苦しい布陣を強いられた。大滝の当時のコメントにも「スコアをみれば楽勝と感ずるかもしれないが、苦しかった」とある。だが、代役陣が見事に穴を埋め、勝ち進んだ。

決勝の相手は、前年度の準決勝で対戦した南宇和（愛媛）だった。前半4分に先手を取られたが、4分の鈴木宏和（静岡スバル）のシュートで追い付いた。

1990年度全国総体決勝先発メンバー			
GK	大石 尚哉		
DF	大岩 剛	宮部 浩二	薩川 了洋
	西ケ谷 隆之		
MF	望月 重良	名波 浩	鈴木 宏和
FW	東海林 剛	田原 仁	梅光 健太郎

しずおかの高校サッカー　清水商⑫
戦後の球跡

後半、大滝はけがで先発を外れていた山田を投入。19分、その山田の右折り返しを田光が鮮やかに頭で合わせた。「ど フリーだったので、思い切りたたきつけた」田光の会心のヘディングシュートだった。これが決勝点となり、2―1で総体連覇を達成した。

総体に続く舞台は全日本ユース。山口（山口、交野FC（大阪）、国見（長崎）を連破、決勝は前半に1年の興津大三（J清水スタッフ）、後半に2年の望月重良（SC相模原代表）が決め、2―0で初代王者に輝いた。

山田と名波、大岩剛（J鹿島スタッフ）がユース代表に選ばれ、このユース代表トリオを軸に揺るぎない強さを発揮して、まず総体、全日本ユースの二冠を獲得した。ストッパーを務めた宮部浩二（スポーツディレクター）は「つぶし役に徹し、ボールを奪ったらすかさず中盤に預けた」といい、チームメートの技量に全幅の信頼を寄せ、ピッチに立っていた。

1990年度全国総体決勝。ゴールを決め、ピッチ中央で喜び合う＝宮城県サッカー場

137

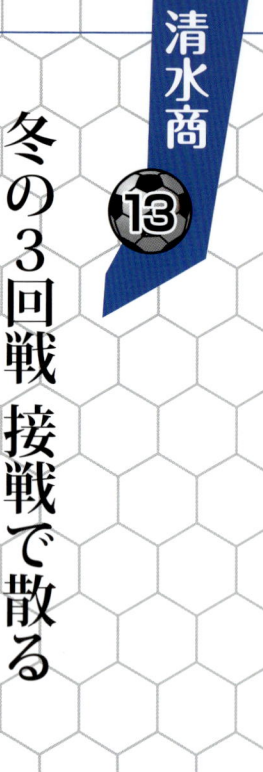

清水商 ⑬ 冬の3回戦 接戦で散る

総体に続き、全日本ユース（U—18）も制した清水商は、三つ目のタイトル奪取を目指し、選手権に臨んだ。

選手権出場は推薦によるものだった。各県予選が世界ユースの2次予選と日程が重なることから、代表選手を抱えるチームは、予選免除となる特別措置が取られたからだ。清水商は山田、名波、大岩の3人をユース代表に送り込んでいた。

推薦で出場したのは清水商をはじめ、武南（埼玉）、習志野（千葉）、国見（長崎）の4校。清水商抜きの県予選は清水東が勝ち抜き、本県から2校が本大会に出場した。

清水商の前評判は高かった。サッカー専門誌が「清商に死角はあるか」と題した特集記事を掲載したほどだ。

ところが、選手権に突入すると対戦校の激しいつぶしに苦しみ、切れ味鋭い攻めが影を潜めた。それでも3回戦に進んだが、前年度の総体決勝で圧勝した、大宮東（埼玉）にPK戦の末に競り負け、3つ目のタイトルが手中からこぼれ落ちた。

大会に備え練習試合をこなしたが、相手はすべて社会人チームだった。選手権本番で高校勢との久々の対戦で、社会人相手では見られなかった、マンマークに「戸惑ったことを覚えている」と、

1991年度全国選手権 先発メンバー

GK	川口	活 孝 之 也
DF	石ケ谷	能直 隆 伸 敏
	西橋	井本 島 村 嘉 宏 三 宏 和 重 良
MF	津田	木月 鈴 望 大 裕 三 之
FW	興川	津口 野 孝 平

しずおかの高校サッカー　清水商 ⑬
戦後の球跡

司令塔だった名波。三冠獲得を逃した翌年の1991年度、本県が全国総体開催地になり、清水東と東海大一がV決戦を演じた。県予選で敗れた清水商は、清水東と東海大一の快進撃で盛り上がる中、「苦しい練習に打ち込んでいた」と、主将だった望月重良。

悔しさを味わいながら流した夏の汗は、秋の選手権県予選に成果となって表れ、冬の全国舞台へ駒を進めた。

2年連続7度目の選手権本番。序盤の2試合は、ともに川口裕之（セコム）と興津大三がゴールを奪い、洛南（京都）を2―1、高知農（高知）を2―0で退けて3回戦に進み、鹿児島実（鹿児島）と相対した。

オウンゴールで先手を取った。しかし、アトランタ五輪で主将を務めた前園真聖（サッカー解説者）に連続ゴールを許し、1―2で逆転負けした。終盤の猛追も届かず、「鹿実の方が上だった」と、

チームを引っ張り続けた望月は、1―2の現実を真摯に受け止めていた。

1991年度全国選手権の鹿児島実戦。オウンゴールで先制するが…
＝駒沢競技場

⑭ 清水商

強力布陣で選手権制す

　1993年度の清水商は再び強さを発揮し、全日本ユース（U―18）と全国選手権の2冠を獲得する。再浮上の転機となったのは、栃木県で開催された全国総体準決勝での敗戦だった。

　総体4強対決の相手は鹿児島実（鹿児島）。米子工（鳥取）、韮崎（山梨）、真岡（栃木）にいずれも圧勝、鹿児島実戦も攻勢に出て、シュート数は18―8と大きく上回った。ところが、攻め上がった裏を取られて失点を重ね、1―4と思わぬ点差で敗退した。監督の大滝は「完全に頭をたたかれた」と受け止めつつも「刺激材料になる」と、苦杯をなめたことを前向きにとらえた。主将の川口能活（J磐田）も敗戦

には唇をかんだが、「僕もチームもイチから出直す」とその場で再起を誓った。

　再起を懸けた1カ月後の全日本ユース。安永聡太郎（サッカー解説者）が決勝シュートを奪い、帝京（東京）を1―0で下して再スタートを飾ると、室蘭大谷（北海道）を3―0、富山一（富山）を6―2で破って、決勝に駒を進めた。

　V決戦は再び鹿児島実と相まみえることになった。今度はがっぷり四つの展開となったが、延長の末、佐藤由紀彦（JFL長崎）の決勝弾で1―0で競り勝ち、3年ぶりに頂点に立った。

　続く舞台は全国選手権。県予選を突破して臨んだ正月の本大会は、危なげなく準決勝に勝ち

1993年度全国選手権決勝先発メンバー	
GK	川口　能活　明己　誠一
DF	加藤　泰雅　川中　真伸村木　亘
MF	鈴木　由紀彦伊藤　元大輔佐藤　聡太郎
FW	安永　聡太郎鈴木　悟

しずおかの高校サッカー 清水商⑭
戦後の球跡

5年ぶり3度目の選手権制覇。表彰式後、優勝旗やトロフィーを手に勢ぞろい＝国立競技場

上がり、またも鹿児島実と激突した。3度目の対決は互いに譲らず、2ー2で延長にもつれ込んだ。ここで、川口が守護神ぶりをいかんなく発揮する。指揮官の大滝が「全国の人に見せたかった」と全幅の信頼を寄せていたGKが、4人目を見事に食い止め、勝利を呼び込んだ。

決勝は国見（長崎）と対戦、立ち上がりから攻勢に出て前半11分、1年生藤元大輔（佐川急便）が先制点をマーク。後半24分に追い付かれたが、32分、2列目から飛び出した鈴木伸幸（桐陽高教）が決勝点をたたき出した。「緊張感はなかった」との鈴木伸の言葉に象徴されるように、持ち味を発揮して戦い抜き、2ー1という点差以上の内容で5年ぶり、3度目の優勝を飾った。

GK川口、センターバックに田中誠（サッカー解説者）、小川雅己（INACコーチ）、中盤に佐藤、トップに安永ら後のJリーガーを要所に配した布陣は、攻守に隙がなかった。さらに、攻陣の一角だった清水竜蔵（ジョガドール富士見FCコーチ）を負傷で欠いても、総合力でカバーして勝ち抜く姿に、川口は「心の中の最強チーム」と確信している。

141

清水商 ⑮ 全国5連続優勝ならず

「前チームが選手権で優勝し、プレッシャーとともに受け継ぎ、不安だらけのスタートでした」。1994年度の主将、佐藤由紀彦は清水商サッカー部記念誌「蹴闘(シュート)」で、新チーム発足当時の心境をこう記した。

佐藤とともに2年生で前年度の選手権Vメンバーに名を連ねた、安永聡太郎も「優勝しても喜びの涙を流すことはできなかった」という。「次は自分たちの番だ」との思いが、脳裏に浮かんだからだった。

不安を覚えながらのスタートだったが、新人大会で優勝し、総体県予選も制して、富山県開催の全国総体に名乗りを上げた。

初戦(2回戦)は前橋商(群馬)に苦戦し、3-2の辛勝だった。しかし、3回戦は市船橋(千葉)に4-1、準々決勝は室蘭大谷(北海道)に5-0と圧勝、準決勝も広島皆実(広島)を4-0と寄せ付けなかった。

決勝は帝京(東京)と対戦。互角の展開で進んだが、0-0の後半5分、安永が競ったボールを藤元大輔が頭でとらえて、ゴールを奪った。「大舞台に強い」といわれた藤元の面目躍如のプレーで、4年ぶり3度目の総体王座に就いた。

全日本ユース(U-18)も快進撃をみせた。まず鹿児島実(鹿児島)との攻め合いを5-3でものにし、G大阪ユース(大阪)を4-0、習

1994年度全国総体 決勝先発メンバー

GK	石野 智顕
DF	加藤 泰明伸 朝比奈 忠明 松原 真一 新村 宏次
MF	幸島 克彦 岩崎 由紀彦 佐藤 元輔
FW	藤永 聡太郎 安岡 田一隆

142

しずおかの高校サッカー 戦後の球跡
清水商 ⑮

志野（千葉）を6―3で破って決勝に進出した。

読売ユース（神奈川）を相手にした決勝は、先手を許した。だが、焦ることなく盛り返して、3―1で逆転勝ち。前年度の全日本ユース、選手権、1994年度の総体、全日本ユース、と4大会連続優勝を飾り、「清水商強し」を印象づけた。

次の戦いの場は選手権。静岡学園との県予選決勝は延長にもつれ込む接戦となったが、2―1で競り勝って9度目の全国行きを決めた。

5大会連続優勝が懸かった全国選手権は、2回戦から登場し、奈良育英（奈良）とぶつかった。後半、ペースをつかみ、盛んに仕掛けた。だが、奈良育英のGK、楢崎正剛（J名古屋）の攻守にゴールを割れず、逆に終盤、決勝点をもぎ取られて0―1で敗れ、偉業達成はならなかった。

「清商戦だけに絞ってきた」という奈良育英の捨て身の戦法に屈した一戦。だが、本命として臨む難しさを実感させられた敗戦でもあった。

1994年度全国総体準決勝。鋭い攻めで広島皆実を圧倒する＝富山県岩瀬スポーツ公園

16 清水商

輝き戻り ユース3連覇

1994年度の選手権初戦で敗れ、1993年度の全日本ユースから続けていた全国大会連続制覇は4で途絶えた。しかし、全国の頂点を目指す、清水商の挑戦は続いた。

1995年度の目標は全国Vだった。主将を務めた松原忠明（南大門代表）は「勝ちたい―ではなく、勝つのは宿命と思っていた」と、当時抱き続けた、高校日本一への強いこだわりを口にする。

ところが、鳥取県で開かれた全国総体でいきなり挫折する。市船橋（千葉）と対戦した初戦（2回戦）。前評判では上回りながらペースをつかめず、前半12分に右サイドを突かれ先制点を奪われた。GKの小林弘記（J熊本スタッフ）が「今でも鮮明に覚えている」という失点に泣き、0―1で早々と姿を消した。

総体での初戦敗退は初めてで、その悔しさを全日本ユースにぶつけた。1回戦で松本深志（長野）に10―0、2回戦で横浜Fユースに7―1とともに一方勝ち。準決勝は再び対戦した市船橋を4―2で下し、総体の借りを返した。

決勝はクラブの代表格である横浜Mユースと顔を合わせた。「勝って自信を取り戻したかった」（松原）といい、立ち上がりから主導権を握った。前半5分に小林久晃（元J清水）が決めて先制、9分には藤元大輔が2点目を奪った。その後も

1995年度全日本ユース先発メンバー

GK	小林弘記
DF	柴田英吾
	谷池洋平
	松原忠明
	大石玲
MF	早川知伸
	小野伸二
	小林久晃
FW	藤元大輔
	漆畑司
	新田純也

しずおかの高校サッカー　清水商⑯
戦後の球跡

1995年度全日本ユースで3年連続4度目の優勝を飾り、喜びを表す＝国立競技場

攻撃の手を緩めず、5―0と圧勝した。U―17日本代表に選ばれ、総体は不在だった

2年の小林久と1年の小野伸二（J清水）も戦列に戻り、"常勝清商"が復活。その答えが3年連続4度目の全日本ユース優勝だった。

取り戻した輝きだったが、光彩を放ち続けることはできなかった。

選手権県予選は決勝トーナメントに進出した。といっても、リーグ戦はブロック2位通過で、全日本ユースでみせた快進撃にかげりが見え始めていた。

迎えた決勝トーナメント1回戦。清水東を相手に、前半28分、小野のFKを松原が頭で合わせて先手を取った。だが、相手の鋭い出足に徐々に圧倒されて、1―3で逆転負けし、全国への道を断たれた。

ゴールを守る小林弘は試合前、最終ラインを代表するように声を上げた。「後ろは大丈夫。絶対に抑えるから、1点取ってくれ」と。結果は3失点。「悔しくて。家に帰って泣いた」と当時を思い起こす。

清水商 ⑰

4年連続全国タイトル

1996年度は夏の総体で2年ぶり4度目の優勝を飾り、1993年度から続く全国制覇を4年連続に伸ばした。

全国総体は山梨県で開かれ、準決勝で地元代表の韮崎と顔を合わせた。圧倒的な声援を背にした韮崎の攻めに苦しんだが、小野、上原豪（FCヴィアージャSS代表）の2年生コンビのゴールで、2─1で競り勝った。決勝は帝京（東京）を相手に3─1、スコア以上の内容だった。

県予選後、FWの新田純也（本田技研）が左足首を骨折、本大会は大砲不在で臨んだ。だが、代役に指名された鈴木孝正（服織FC）が「やるしかない」と気迫のプレーで期待に応えた。

優勝を勝ち取った時、ベンチの新田は「プレーしたのと同じようにうれしかった」と感じた。

総体、全日本ユース（U─18）、選手権の三大タイトルのうち、まず一つ目を手にし、三冠獲得へ期待がふくらんだ。しかし、全日本ユースは鹿児島実（鹿児島）との4強対決を後手後手に回って2─3で落とし、5度目のVを逃した。

さらに、選手権は県予選決勝トーナメント1回戦で、やはり追う展開となって、静岡学園に2─3で敗れた。総体を制覇し、好スタートを切った1996年度だが、最後は全国へ駒を進めなかった。

1997年度は総体と全日本ユースで全国舞

1996年度全国総体 決勝先発メンバー	
GK	大樹　裕勇也
DF	川晃　真直忠亮伸二久晃士尊豪孝正
	野村島
	大新
	川
MF	薬師寺
	平小小大
	林野原木
FW	上鈴

146

しずおかの高校サッカー　清水商⑰
戦後の球跡

台を踏んだ。だが、総体は3回戦で市船橋（千葉）に2－5で屈した。

巻き返しを懸けた全日本ユースは、大船渡（岩手）、滝川二（兵庫）、南宇和（愛媛）を連破し、決勝に勝ち上がった。しかし、総体覇者の東福岡（福岡）の前に2－3で涙をのんだ。本山雅志（J鹿島）、千代反田充（J磐田）ら擁した強力布陣と渡り合い、上原は「強かった」との印象がいまだにぬぐえない。

選手権は県予選決勝トーナメント準決勝で静岡学園と対戦した。前年度、決勝トーナメント1回戦で敗れたことから、雪辱に燃えて臨んだ。だが、大黒柱の小野をはじめ、各選手が効果的なマークに持ち味を消されて苦しんだ。結果は0－0で前後半を終了、PK戦で競り負けた。

高校生プレーヤーが最も強く思いを寄せる選手権で、3連続の予選敗退。全国の晴れ舞台を踏めなかったことが「心残りというわけではない」という小野だが、「雰囲気は味わいたかった」との言葉に実感が込もる。

1996年度全国総体で優勝し、トロフィーを先頭にVパレード＝山梨・韮崎市中央公園陸上競技場

147

⑱ 清水商

ユースで復活 5度目のV

　1998年度の清水商は、選手権県予選で静岡学園に1ー0で競り勝ち、本大会へ駒を進めた。全国選手権出場は4年ぶり10度目だった。

　初戦（2回戦）は高松商（香川）を3ー0で退け、好発進した。ところが、3回戦は一転、滝川二（兵庫）に2ー4で屈した。シュート数は22ー8と圧倒した。だが、「攻め込んだ裏を突かれた」と、主将でセンターバックだった池田学（三菱UFJ不動産販売）は無念の戦いを振り返る。

　翌1999年度は一度も全国へ名乗りを上げることはなかった。いったん、ブレーキが掛かった清水商の歩みだが、2000年になると再加速し、総体、全日本ユース、選手権の三大大会全てで全国の舞台を踏んだ。

　中でも輝いたのは全日本ユースだった。1回戦は小林大悟（J清水）の2得点が利き、秋田商（秋田）を4ー1と圧倒、2回戦は主将・佐野裕哉（SC相模原）の決勝点で、柏ユースを1ー0で下した。

　準決勝は横浜Mユースと対戦。防戦に追われながらも1ー1でしのぎ、PK戦にもつれ込んだ。ここで、GKの為田聡史（日刊スポーツ）が存在感を示す。守護神としてだけでなく、キッカーとしても。

　横浜4人目の動きを読み切ってはじき出すと、

2000年度全日本ユース 決勝先発メンバー	
GK	為田 聡史
DF	田直倫孝吾 / 本田淳敬雄 / 秋上野裕也 / 藤河井佐崇正
MF	小鳥沢林大 / 小山野裕
FW	佐山野口健哉

148

しずおかの高校サッカー 戦後の球跡　清水商⑱

2000年度の全日本ユースを制し、喜びの表情で大会を締めくくる＝横浜国際総合競技場

5人目のキッカーとして相手GKと対峙した。「腹が据わっているから」とあえて要の5人目に起用した大滝の期待に応えて、ゴールネットを揺らした。

PK勝ちして臨んだ決勝は、前橋商（群馬）を相手に前半で3得点。後半、猛追されたが、ぐっと踏ん張り、3―2で押し切って、5年ぶり5度目の栄冠を手にした。

横浜国際総合競技場（現・日産スタジアム）のピッチで大いに輝いたが、この時以来、Vトロフィーを掲げる清水商の姿は見られない。県内の高校単独チームの全国Vも、この全日本ユースが最後だ。「そう思うと誇らしいが、寂しい気もする」と為田。

2年後の2002年度は、総体で準決勝まで勝ち上がった。しかし、先手を取りながら、国見（長崎）に2―5で逆転負けした。さらに、7年ぶりに出場した2009年度の総体は、2回戦で前橋育英（群馬）に1―4で敗退と、再起へ険しい道を進んだ。

清水商 ⑲

11年ぶりの選手権出場

　学校再編の流れの中、2013年度、庵原と統合して新たに「清水桜が丘高校」が誕生することも決まり、清水商としての歴史に終止符が打たれるのも間近だ。親しまれた"ギョショウ"の名の下、全国の舞台を踏みたい―、そんな強い思いが2011年度の全国選手権行きの扉をこじ開けた。

　主力がU―18日本代表に選ばれる可能性があったため、特別措置により県予選は準決勝から登場、2年ぶりの代表の座を狙う藤枝明誠に2―1で競り勝って決勝に進出した。決勝の相手は前年度、やはりV決戦で対戦し、1―3で屈した静岡学園だった。圧倒された1年前とは違い、鋭い出足でボールを奪うと、効果的に速攻を仕掛けて押し込んだ。前半28分、カウンターから川尻卓が決めて先手を取り、40分には遠藤維也、後半14分には風間宏矢が加点して3―0で完勝、11年ぶりに選手権代表権を獲得した。

　久々の選手権本番は1回戦でルーテル学院（熊本）と対戦。押し気味の展開ながら決め手を欠いていたが、0―0の後半ロスタイムに中田智樹の折り返しを遠藤が左足で蹴り込んで、決勝点をもぎ取った。

　2回戦は古豪・山陽（広島）を寄せ付けなかった。前半8分にけがから復帰したばかりの佐野翼が鋭い飛び出しから先制点を奪ったのを皮

2011年度全国選手権
県大会決勝先発メンバー

GK	樹磨太輝平 俊将翔一 志松望新
DF	村永月井岡尻 松望新兼川
MF	川青遠 木藤田 中佐風
FW	松青遠 兼風

150

清水商 ⑲

切りに、エースで主将の風間らが着々とゴールを重ね、6-0と大勝した。これでエンジン全開かと思われたが、3回戦は市船橋（千葉）に終始押し込まれ、0-3で敗れた。相手の出足に苦しみ、頼みの風間も動きを封じられた。

山陽戦で佐野が負傷して再び戦列を離れ、サイド攻撃を担っていた遠藤も体調不良で欠場した。さらに中盤を支えてきた青木翼が大会直前に足を骨折して不在のまま―とマイナス要因を抱えての戦いだった。だが、監督・大滝の「相手が一枚も二枚も上だった」とのコメントが試合内容を物語っていた。母校"ギョショウ"を率いて38年、2011年度末で定年を迎えた大滝にとって、11年ぶりの選手権は区切りとなる全国舞台でもあった。

2011年度全国選手権県大会決勝。優勝を飾り、喜びがはじける＝アウスタ日本平

浜名① 10人の同好会が第一歩

"初出場初優勝"。これほど鮮烈なデビューはない。それも産声を上げて間もないとなれば、鮮烈度は一段と増す。

1970年度(昭和45)の全国総体で、初めて晴れ舞台を踏む浜名が栄冠を手にした。活動を開始してまだ6年目。全国的知名度はゼロに等しいというのに、いきなり頂点に立ったとあって、"彗星のイレブン"と呼ばれた。

1964年春、浜松・飯田中から浜名高に、25歳の体育教師、美和利幸(浜松市南区在住)が赴任した。この美和が彗星のイレブンのけん引者だった。といっても、赴任と同時にサッカー部を率いたわけではなかった。

1960年代といえば、県高校サッカー界はいま以上に中部主導の色彩が濃く、西部勢は東部各校とともに存在感は薄かった。1964年度の全国選手権県予選をみると、参加校39のうち西部は8校に過ぎず、浜名は不参加校の一つだった。

浜松西高－静大出身の美和は、高校時代からサッカーに打ち込んだ。前任校の飯田中ではもちろんサッカー部を指導、飯田中が東部中と統合したのを機に高校に転出した。だが、浜名にサッカー部が存在しないため、1年間はバスケットボール部顧問を務めた。

我慢も1年が限界だった。赴任2年目の19

同好会発足時のサッカー部員

義実行武
正信宗十郎
下木島本二雄彦次博
鈴松谷田尾池水橋
山松松神富堀小清高

152

しずおかの高校サッカー　浜名①
戦後の球跡

　65年度、美和の言葉を借りれば「部員をかき集め」、同好会を発足させた。当時は藤枝東全盛時代。そんな藤枝東と「対等に戦えるチームをつくりたい」。こう申し出て、あ然とする学校側の反応も意に介さず、第一歩を踏み出した。

　美和の呼び掛けに応じたのは、初代主将の山下正義（県サッカー協会西部支部4種少年委員会長）以下、3年生8人、2年生2人の10人。サッカー経験者は1人だけだった。試合は一般生徒の助っ人で、何とか乗り切った。

　1期生の活動は"ホームグラウンド"づくりから始まった。肩身が狭い後発の身。元からあるグラウンドは使えないため、雑草地の整備に汗を流す日々が続いた。

　雑草を抜き、石ころを拾う合間にも、美和の熱血指導が待っていた。基本技を繰り返し、徹底的に走り込んで、8月の国体県予選に臨んだ。初戦の相手は静岡東。敗れたもののスコアは、0-1だった。陸上部から転身した山下は「素人軍団だったが、みんな運動能力が高かったのでは」と振り返る。

　翌1966年度、同好会は部に昇格、「浜名高サッカー部」が本格始動する。

サッカー部創設に加わった3年生の面々

② 浜名

実り多かった広島遠征

同好会スタートから6年目、部昇格5年目の1970年度の浜名は、本格シーズンに備え、広島遠征を実施した。当時の広島は実力校がそろい、腕を磨く上で格好の地だった。

広島行きを前に、日本リーグ（JSL）の名古屋相互銀行（名相銀）と対戦し、2−0で退けた。名相銀は主力3人を欠いていたが、JSL勢を破ったことで、やれそうだーとの手応えをつかんで広島へ向かった。

その広島遠征は強豪との対戦が続いた。ところが、広島工に敗れた以外は、広島国泰寺、山陽、修道といった有力校を総なめにした。名相銀戦の勝利に加え、広島遠征でも好結果を残したとあって、選手たちの自信は一段と深まった。監督の美和も「この遠征は実に意義あるものになった」と語る。

創部当初、美和は「5年計画」を掲げた。5年後に全国大会に出場したい―と。本音は「5年をめどに戦えるチームにしたい、それくらいの気持ちだった」というが、着実に実績を積み重ねた。

部昇格の1966年度に波多野一記（故人）、翌1967年度に鷲坂弥寿男（故人）ら、発足したばかりというのに、有望戦力が続々と入部した。静大出身の美和は「大学のつながりを生かして、中学の先生方に協力をお願いした」といい、「形ができたのはそのおかげ」と感謝の言葉を口にする。

1960年代、県内各校の指導者が目指したのは〝打倒藤枝東〟だった。美和は「パワーとスピード」を前面に押し出して藤枝東に挑み、「力の浜名」のイメージがすっかり定着した。

しずおかの高校サッカー　浜　名②
戦後の球跡

美和には異論もある。「テクニックも徹底的にたたき込んだのに、力だけが強調される」と。

確かに1970年代、全国舞台で輝いた浜名の攻撃陣は、速さと技を兼ね備えていた。

波多野が主将を務めた1968年度、県新人戦地区予選を制し、初めて西部一の座に就く。1969年度は東海代表GKの鷺坂を擁し、新人戦は西部3位だったが、県大会はベスト8に進出、秋季西部大会は優勝、と地区有力校としての地位を固めた。

1969年度は福井半治（故人）の校長就任年度でもあった。福井は静岡城内（現・静岡）や

清水東を率いた実績があり、浜名でも全面的にサッカー部をバックアップ。美和の良き協力者となった。

地域、学校の後押しもあって力を育んだ新興浜名は、広島遠征でさらに成長し、1970年度の全国総体に挑む。

浜名サッカー部生みの親で、育ての親でもある美和利幸

創部間もないころの試合風景

浜名 ③ 初の全国 いきなり頂点

春の広島遠征で自信を深めた浜名は、"初出場初優勝"の快挙に突き進む。

まず、県スポーツ祭。1回戦の東海大一を皮切りに、中部勢をことごとく退けて決勝に進出した。相手は創部以来、背中を追い続けてきた藤枝東だった。ここで、広島遠征の成果を発揮、1—0で勝って目標の"打倒藤枝東"を果たし、初の県制覇もやってのけた。

次いで臨んだ全国総体県予選。やはり中部勢を連破し、決勝で清水東と対戦した。V決戦は互いに譲らず0—0で引き分け、再試合に持ち込まれた。2度目の対決もがっぷり四つの展開となった。だが、後半13分、相手最終ラインの裏を突いた、主将・内山和久（浜松浜北北部中校長）のシュートが決勝点となり、1—0で競り勝って、初めて全国へ名乗りを上げた。

春以降、成長著しいといっても初めて踏む全国舞台。従って「2回くらい勝てれば」というのが、美和の偽らざる思いだった。ところが、全国総体開催地の和歌山県で、浜名の進撃速度は一段と加速する。

2回戦から登場し、相模台工（神奈川）、本郷（東京）を下して8強入り、準々決勝で浦和市立（埼玉、現・さいたま市立浦和）と顔を合わせた。前半の2失点にも慌てず、後半、沢柳光雄（現・美野、岩手県大船渡市在住）の2得点で追い付く。

1970年度全国総体 決勝先発メンバー

GK	青山	正志二
FB	新馬斉	井恵剛行淵藤久治藤村嘉宣己恵大
HB	伊田頼母	藤中木啓山通直幸
FW	内沢内	柳山光和功雄久

156

しずおかの高校サッカー　浜名③
戦後の球跡

そして延長前半2分、CKを長身スイーパーの馬淵剛行（日立製作所）が豪快に頭でとらえてゴールを奪い、3-2で逆転勝ちした。

準決勝は広島市商（広島）と対戦。後半10分、田中通恵（現・太箸、浜松市立教）が決勝点をたたき出し、1-0で決勝進出を決めた。この試合は土砂降りの中で行われた。創部以来、浜名は雨でも練習を休まないことで知られ、「雨の方がやりやすかった」と決勝点の田中は重馬場を歓迎した。

決勝は前年度三冠王の浦和南（埼玉）と激突した。難敵が相手だったが、「負ける気がしなかった」（田中）といい、0-0の後半23分、頼母木直幸（ヤマハ発動機）のパスを沢柳が右トーキックで押し込み、勝利をもぎ取った。

部昇格からちょうど5年目の全国制覇だった。創部当初、「5年計画」を掲げた美和だが「5年くらいで戦えるチームになれば—と言うのが本音。まさか全国優勝なんて」と、40年以上前の快挙をかみしめ直した。

初出場で全国制覇し、試合後勢ぞろいする＝和歌山・紀南運動競技場

④ 浜名

同県対決 無念の準優勝

夏の全国総体を制した浜名は、推薦で冬の全国選手権の晴れ舞台を踏んだ。選手権は初出場であり、初陣でいきなり頂点に立った夏に続く快挙へ期待が集まった。

1回戦は広大付（広島）と対戦した。強豪校めじろ押しの広島県代表だったが、立ち上がりから主導権を握った。前半は詰めを欠いたが、後半2分、攻撃参加したFBの大村嘉宣（グリーンワークス）が豪快に蹴り込んで先制、後半36分には内山功（ウチヤマ空調設備）がロングシュートを決め、2―0で退けた。

参加校は16校。初戦の勝利でベスト8入りし、準々決勝は徳島商（徳島）と顔を合わせた。

前半、先手を取られたが、沢柳光雄のシュートで追い付き、後半、鈴木久雄（東京都江東区在住）と大村がゴールを奪い、3―1でベスト4に進出した。

準決勝は夏の総体決勝で倒した浦和南（埼玉）との再戦となった。雪辱に燃える相手を再び圧倒した。前半12分、CKを生かし、攻め上がったFBのゴールで先制すると、そのまま1―0で押し切った。

もう一方のやぐらは藤枝東が勝ち上がり、史上初の同県決勝対決が実現した。春の県スポーツ祭決勝で対戦、1―0で破っているとはいえ、藤枝東は難敵中の難敵だった。だが、夏の総体から

	1970年度全国選手権 決勝先発メンバー		
GK	青岡	山田	正恭	市二	志行
FB	新馬斉	井淵藤	剛久嘉	行治村	治宣
HB		頼母田	木中内	直山沢	幸恵通光鈴
FW					功雄

158

しずおかの高校サッカー　浜名④
戦後の球跡

1970年度全国選手権開会式で入場行進する浜名イレブン=西宮球技場

藤枝東は主将の鎌田昌治（静岡中央教）をけがで欠いていたが、浜名も主将で左ウイングの内山和久が準決勝で負傷退場、V決戦は戦列から外れた。

左ウイングには中盤で気を吐いていた、鈴木が回った。鈴木は1年生だったが、美和は「遜色ない」と判断して起用した。鈴木は期待に応えて再三、チャンスを生み出した。1点を追う後半7分には、右に回り込んで折り返し、沢柳の同点弾をアシストした。

だが、精神的支柱である主将の欠場は、「予想以上に響いた」（美和）。終盤、要所で踏ん張れずに2失点、1―3で敗れた。「勝てると思っていた。監督としてもっと厳しさがあれば」と、美和は今でも無念さをにじませる。

夏春連覇は逃した。だが、初陣ながらともに優勝争いを演じたことで、浜名の存在は一気に全国区となった。

159

浜名 ⑤ 8強の壁 総体連覇逃す

　1971年度の全国総体は、徳島県が舞台だった。浜名は前年の覇者として推薦出場し、V2を目指して阿波路に向かった。

　GKの青山正志（JT）、FBの馬淵剛行、大村嘉宣、FWの内山功、沢柳光雄ら、前年度の主力組がそっくり残った。守護神の青山が大会1カ月前の練習中に負傷し、戦列を離れることになったが、監督の美和は、連覇へ不安を抱かなかった。

　初戦（2回戦）の六甲（兵庫）戦は先制されたが、鈴木久雄と内山のゴールで2―1と逆転、点差以上の内容で退けた。3回戦は韮崎（山梨）の堅守に苦しんだが、終了寸前、馬淵のFKの

こぼれを大村が決め、1―0でベスト8に進出した。

　準々決勝は初芝（大阪）と対戦した。延長にもつれ込む接戦となったが、不運な判定もあって1―2で競り負け、連覇は消えた。

　夏の借りは冬に―と臨んだ選手権県予選は、最終関門の4校による決勝リーグに進んだ。だが、藤枝北、清水商、藤枝東との対戦は全て引き分け、3位にとどまった。大村は「最初の引き分けで歯車が狂った感じがした」といい、内山は「われわれ3年生の間に、総体で一段落といった雰囲気があった」と当時を思い起こす。

　翌1972年度、さらに1973年度と2年

1971年度全国総体 準々決勝先発メンバー

GK	山下	正治
FB	大村	嘉啓 宣夫行昌之男
	川合	淵村 善好一久一光雄正雄
HB	馬河	鈴杉 木浦 鈴木米
FW		久沢 柳山 沢内 功

しずおかの高校サッカー　浜名⑤
戦後の球跡

連続、全国の舞台から浜名の名が消えた。とりわけ、1973年度は総体、選手権とも県予選決勝に進出しながらの敗退だった。総体は再試合となる激戦の末、自動車工（現・静岡北）に、選手権は藤枝東に代表の座を奪われた。

1972年度は鈴木、1973年度は久米一正（日立、現Ｊ名古屋ＧＭ）、金原克教（本田技研）ら、後の日本リーグ（ＪＳＬ）組を擁しながらも、県予選を突破できなかった。全国一になってもおかしくない—と見ていた美和は、「強いからといって勝てるものではない」と、勝ち抜くことの厳しさを痛感させられる。

2年連続、全国行きは逃した。しかし、サッカー部の頑張りは学校全体に変化をもたらした。特に、1970年度の全国制覇を境に、在校生の表情が変わり、周囲の認知度も高まった。当時、在籍した元教師は「いまなら、さしずめ偏差値が上がった—と言うのだろうが」と、"サッカー部効果"を感じ取っていた。

1971年度全国総体準々決勝の初芝戦に臨む浜名の面々＝徳島市城東中グラウンド

161

⑥ 浜名

成長続け総体2度目V

2年続けて全国舞台から遠ざかって迎えた、1974年度。新チームのスタートは、前途多難を思わせた。13人の小所帯だったからだ。ところが、県新人大会で決勝まで勝ち上がった。最後は藤枝東に0－1で敗れたものの、GKとFWをこなした錦織正行（浜名Jユース代表）は「やれるぞ、との自信をつかんだ」という。

新学期に入って1年生が入部し、所帯は倍以上に膨れあがった。1年生の中にはスタメン組も現れ、主将を務めた小池哲郎（現・三浦、J名古屋スタッフ）には「1年生に助けられた」との思いが強い。

総体県予選が始まると、錦織の言葉を裏付けるように勝ち進んだ。特に準々決勝からは静岡学園、清水東、藤枝東と強敵を次々に倒し、3年ぶりに全国総体出場権を獲得した。

総体本番は佐賀県で行われた。初戦（2回戦）は矢板東（栃木）を3－1、3回戦は鹿児島商（鹿児島）を2－0で下し、ベスト8に進出した。準々決勝は関東大会1位の古河一（茨城）と対戦、0－0の延長後半6分、大橋秀昭（浜名湖梱包）が右サイドからのこぼれ球を逃さずゴールイン、1－0で接戦をものにした。

古河一との戦いは、美和が最大の難関と見ていた。その一戦を制し、準決勝は前年度選手権覇

1974年度全国総体 決勝先発メンバー			
GK	柴田伸	井口敦秀	二生保昇光
			義男
			威郎
FB			昭文
HB	井宮二吉	田下橋越	田原山池
			明澄哲
			秀直
FW	野金内小	大富	橋田

162

しずおかの高校サッカー　浜名⑥
戦後の球跡

1974年度全国総体競技別開会式で入場行進する浜名イレブン
＝佐賀県総合運動競技場

者の北陽（大阪、現・関大北陽）に2―1で逆転勝ちして、決勝に名乗りを上げた。

相手は前年度優勝校の児玉（埼玉）だった。準決勝と同様、前半に先手を取られたが、後半2分の小池のシュートで追い付いた。1―1のまま延長入りしたが、前半9分、CKを受けた金原澄男（キンパラ）が豪快に蹴り込んで、4年ぶり2度目の栄冠を勝ち取った。

中盤で好配球をみせた小池、金原、前線で気を吐いた富田直文（茨城県在住）らを軸に、試合のたびに成長して王座に就いたが、美和には「1年前、2年前のチームに及ばない」と映った。だが、「何とかしようと頑張り抜いた。こうした姿勢が素晴らしかった」と言葉をつなぎ、頑張りこそが優勝の原動力と分析した。

暑さ対策もV奪回を後押しした。割り当てられた宿舎が寝苦しい市街地の旅館だったため、OBが急きょ、涼しい郊外の寺を用意した。主力組はこの寺を拠点に参戦して、猛暑の中の激戦を勝ち抜いた。

163

浜名 ⑦ 同一校に2年連続惜敗

1975年度は、前年度優勝校枠で全国総体に推薦出場し、2年連続3度目の優勝を目指した。

初戦（2回戦）は能登川（滋賀）と対戦。キックオフと同時に、吉越利光（浜名Jユース監督）がゴールを狙った。枠は外れたが、相手の度肝を抜くには十分で、完全に主導権を握った。9分、その吉越がCKを生かして先制点をたたき出し、前半、さらに2点をもぎ取った。後半はペースを落としたが、3—0で押し切った。

3回戦は福岡商（福岡）の追撃をかわし、2—1で競り勝って8強入りした。この年度の全国総体は東京都が主会場だったが、サッカーは韮崎市を中心に山梨県で行われた。

準々決勝は地元代表の韮崎が相手だった。前半5分、望月哲也（栃木県在住）のヘディングシュートで先制したが、大声援に後押しされた韮崎の猛追を受け、延長の末、1—2で逆転負けした。「ゴールのすぐ後ろまで大応援団が押しかけ、完全アウェー状態だった」とGKで主将の柴田伸二（本田技研）。連覇への道は、地の利を生かした韮崎に断ち切られた。

翌1976年度、今度は県予選を突破し、新潟県開催の全国総体に名乗りを上げた。「夏合宿

1975年度 全国総体 先発メンバー		1976年度 全国総体 先発メンバー	
GK	柴田　伸二	GK	寺田　雅勝
FB	井口　敦生	FB	二村　安男
	吉越　利光		吉越　利光
	大橋　秀昭		柳下　正明
	中村　力		山内　充
HB	金原　伸次	HB	中村　力
	鎌田　春芳		野田　明義
	野田　明義		森谷　勤
FW	安間　和仁	FW	安間　和仁
	望月　哲也		村松　利浩
	森谷　勤		望月　哲也

しずおかの高校サッカー　浜名⑦
戦後の球跡

はしたくない、との思いで県を勝ち抜いた」とマネジャーを務めた市川弘一（浜名ジュニアユースコーチ）。浜名の夏合宿は熾烈を極めた。その夏合宿は、全国総体に出場した時だけ避けられたのだ。

こうして臨んだ総体本番。1回戦は川島（徳島）を5―0と圧倒。2回戦は高崎商（群馬）に2―1で逆転勝ちした。秋田商（秋田）との3回戦は、安間和仁（ユタカ技研）のシュートで先手を取り、追い付かれたものの、延長の末、しぶとくPK勝ちした。

準々決勝は韮崎と相対した。前年度、やはり8強対決で顔を合わせ、逆転負けした相手である。美和は「去年の悔しさを思い出せ」と、教え子たちの闘志をかき立てた。

前半9分、鮮やかなパス攻撃から、一年前と同様、望月が決めて先制した。しかし、二の矢をつげず逆転を許す。それでも後半22分、安間の右折り返しを森谷勤（浜松江西中教）がダイビングヘッドで合わせ追い付いたが、直後に突き放され、2―3で黒星を喫した。

「あと1点が遠かった」。2点目をアシストした安間は、同じ相手に屈した一戦をこう振り返った。

1976年度全国総体に備え、母校で調整する浜名イレブン

⑧ 浜名

1回戦敗退　無念の思い

全国選手権が関西から関東開催に移って2年目の1977年度、浜名は7年ぶり2度目の選手権本番のピッチに立った。

望月哲也、森谷勤、柳下正明（前J磐田監督）の国体県選抜トリオ以下、実力派を擁したこの年度は「力があった」と指揮を執った美和。指揮官の高評価を裏付けるように、まず、県新人大会を制した。ところが、全国総体は県予選準々決勝で、優勝した自動車工（現・静岡北）に1―2で敗れ、3年連続の本大会出場を逃した。

全国選手権県予選は、巻き返しを期して臨んだ。1次トーナメント、リーグ戦を順調にクリア、4校による決勝トーナメントも東海大一を3―1、藤枝東を2―0で退けて、全国行きの切符を手にした。

初出場でいきなり準優勝して以来の全国舞台だったが、評価は高く、帝京（東京）浦和南（埼玉）などとともにV候補に挙げられた。

1回戦は北陽（大阪）と顔を合わせた。選手権歴代優勝校が相手だったが、浜名優位と目されていた。試合も押し気味の展開だった。前線の望月、森谷らだけでなく、後方の石津明次（マルツ工業社長）らも果敢に攻め上がった。

試合当日は正月3日。前夜来の大雪で、会場の西が丘サッカー場のピッチの周りは、かき集められた雪の山。ピッチ状態は、パワーを売りにし

1977年度全国選手権 先発メンバー		
GK	宮司佳則	晴明生次
FB	横山下田津 柳正慶明	明利哲 充浩也勤晃之
HB	今石山村望	内松谷
FW	森古池	橋谷 孝守

166

しずおかの高校サッカー　浜名⑧
戦後の球跡

1977年度の全国選手権出場を決め、Ｖトロフィーを受ける＝県営草薙球技場

ていたころなら得意の重馬場だった。ところが、この年度はつなぎを身上だったことから、重馬場はプレーにマイナスに作用。「いつものようにつなげなかった」（森谷）といい、０−０でＰＫ戦に突入した。

ＰＫ戦も互いに譲らず、サドンデスの11人目までもつれ込んだ。先蹴りの北陽はＧＫ中村和哉が確実に蹴り込んだ。浜名の11人目もＧＫの宮司佳則（磐田東教）だった。「悔いのないように」と念じ、左上隅を狙った宮司の一撃は無情にもバーを越えた。今でこそ「会心のキック」と冗談めかす宮司だが、試合後は声がなかった。

「県予選から苦しまなかったので、（全国選手権も）大丈夫と思っていたのかもしれない」と、柳下はまさかの初戦敗退を回想する。宮司の記憶では「ＰＫ戦の練習は１回だけ」だったといい、「必要ないと思っていた。甘さがあった」と美和。その言葉からは目標の選手権制覇を達成できなかった、無念の思いが伝わってくる。

167

浜名 ⑨ 久々の総体で難敵下す

1999年夏、浜名が全国の舞台に戻ってきた。1977年度の全国選手権（1978年正月開催）以来、22年7カ月ぶりの晴れ姿だった。

元日本代表GKの松永成立（J横浜Mスタッフ）を擁した1980年度をはじめ、選手権、総体両県予選で2度、3度と決勝に駒を進めた。しかし、最後の壁を突破できず、苦戦が続いていた。

1999年度も県新人大会は1回戦で姿を消し、前途多難を思わせた。ところが、総体予選に入ると一変した。榛原、伊豆中央、静岡市立、浜松西を連破して決勝に進出した。静岡学園を相手に押し気味に試合を進め、1—0で本大会行きを決めた。

全国総体出場は実に1976年度以来の雄の復活だったが、左サイドバックで気を吐いた和田拓三（J福岡）は「復活させたいというより、とにかく勝ちたかった」と全国への強いこだわりを強調した。

岩手県で行われた総体本番。1回戦は富山一（富山）を4—0と圧倒、2回戦は前評判の高かった国見（長崎）をPK戦にもつれ込む接戦の末に退けた。

現在も采配を振る監督の池谷守之は、後半終了間際にGKの交代カードを切った。池谷は浜名

1999年度 総体県予選 決勝先発メンバー

GK	加藤	亮
DF	原品	拓門
	伊藤	友之
	大森	敬之
	和田	拓三
MF	村瀬	浩司
	村越	昭吾
	水谷	亮
	市川	慎也
FW	尾崎	聡史
	頼母木勇太	

2006年度 総体県予選 決勝先発メンバー

GK	田村	聡弥
DF	高須	友輔
	市野	宏樹
	佐藤	辰哉
MF	広野	将行
	水川	聖也
	鈴木	喜貴
	佐藤	大生
	松浦	拓弥
FW	堀切	大地
	町田	倫樹

しずおかの高校サッカー　浜名⑨
戦後の球跡

OBで、サドンデスのPK戦で敗れた1977年度選手権のピッチに立っていた池谷は、1996年度から母校の指揮を執る池谷は、高校時代の苦い経験からPK戦用のGKを用意し、難敵を下した。やま場の国見戦をクリアした。だが、激戦を制した反動からか、3回戦は精彩を欠き、日大藤沢（神奈川）に1－3で押し切られて、8強入りを逃した。

続く全国舞台は2006年度総体だった。県予選は決勝で浜松湖東と対戦。後半8分、佐藤将也（JFL・FC琉球）が決勝点を奪い、1－0で西部対決を制した。

7年ぶりの全国総体は1回戦で前橋商（群馬）にPK勝ちした。前半3分の町田倫樹（四日市大）の先制ゴールを生かせなかったが、最後はしぶとさで上回った。

2回戦は大分情報（大分）に後半途中まで0－3とリードを許した。だが、ここから猛追。終了寸前の松浦拓弥（J磐田）のゴールで追い付いた。しかし、追撃もここまでだった。初戦の再現はならずにPK負け。この試合を最後に全国から遠ざかっている。

2006年度、中学生を対象にした浜名ジュニアユースが発足した。OBが中心になって結成された育成組織で、巻き返しへの熱い思いが込められている。

1999年度全国総体。強敵の国見を倒し、3回戦に勝ち進む＝岩手県盛岡南公園球技場

静岡北 ① 部員13人で新人戦準V

藤枝東、清水東、清水商、浜名といった公立校がしのぎを削った1970年代前半、私立の新鋭校が県代表の座を初めて勝ち取った。1973年度（昭和48）の自動車工（現・静岡北）で、全国総体県予選を勝ち抜いた。

学校創設は団塊の世代の高校進学が始まった1963年度。1年後、生徒の声に押されて、サッカー部が誕生した。初代部長を務めた杉山昌弘（静岡市葵区在住）によると、3人の生徒が声を上げたのがきっかけとなった。3人の生徒の1人だった五十右悦男（静岡市葵区在住）は「人数は集まったが力はなく、野球部と試合をやるとかなわなかった」と苦笑する。

部長を引き受けた杉山は、「藤枝市出身だから」との理由で就任要請を受けた。だが、サッカーどころに育ったとはいえ、競技経験はなかった。そこで、外部の経験者に指導を依頼し、部員確保をはじめとする、土台づくりに奔走した。

創部6年目の1969年度、国士大を卒業したばかりの体育教師、高橋節夫（静岡市葵区在住）が監督に就任する。杉山が知人を通して高橋の存在を知り、「三顧の礼で招へいした」という。

高橋は福島県安積高出身。郷里での教師を志していたところ、福島県教委の試験日と大学リーグと重複した。主将を務めていた高橋は、悩んだ末に大学リーグを優先、郷里で教壇に立つ夢を断

1970年度県新人大会決勝先発メンバー

GK	武 栄茂修優史己明人彦	
FB	口 野本泉柳端平野塚戸田 浩猛和正政利	
HB	天岡小高 江片 牧大神山	
FW		

しずおかの高校サッカー　静岡北①
戦後の球跡

念した。

そんな時、杉山から熱い声が掛かり、静岡行きを決断。「5年以内に県で優勝できなければ、福島に帰る」と心に誓って、異郷の高校に赴任した。「5年以内」の決意もあり、指導はし烈を極めた。ために、退部者が相次ぎ、「気が付いたら3人しか残っていなかった」。それでも練習は休まなかった。

赴任2年目の1970年度、10人が新たに加わった。総勢13人。対外試合も可能になり、「5年以内で県制覇」への歩みが始まった。

春の県スポーツ祭は3回戦で敗退したが、冬の県新人大会（1971年1、2月開催）で大健闘をみせる。日大三島、富士、浜松北、浜松工を退けて決勝に進出、藤枝東と対戦した。藤枝東は正月の全国選手権優勝校で、新チーム発足直後とはいえ、全国クラスの実力を擁していた。

藤枝東の壁はさすがに厚く、前、後半に1点ずつを奪われ、0−2で跳ね返された。だが、大いに善戦して会場を沸かせ、「前途が楽しみ」との評価を受けた。

創部3年目、1966年度の面々

❷ 静岡北

死闘制し初の全国舞台

1972年度、父母の会が発足した。支援態勢も整ったこの年度、自動車工は総体、選手権両県予選でともに決勝に進出した。総体は清水東、選手権は藤枝東に敗れ、全国への道は断たれたが、「自工強し」の印象を与えた。

翌1973年度、県スポーツ祭で決勝に勝ち上がった。ここでは藤枝北に屈し、3大会連続、決勝で苦杯をなめた。だが、戦えるとの手応えを感じ取って、直後の総体県予選に臨んだ。2回戦から登場した県総体は、浜松工、浜松北、榛原を倒し、決勝に駒を進めた。

決勝は浜名と対戦し、全国行きを懸けて壮絶な戦いを展開した。互いに譲らず、0—0で迎えた延長前半も終了寸前、主将・中谷勝裕（現・鳥居、ワイズギア）のシュートで待望の先制点を奪った。しかし、後半2分に追い付かれ、もつれ込んだ再延長も1—1の均衡は破れず、そのまま引き分け、再試合となった。

6日後の再試合は、自動車工が先行すれば浜名が追い付き、2—2のまま、またも延長に突入した。延長前半4分、ペナルティーエリア左手前でFKを得た。森真澄（静岡トヨペット）のファーサイドを狙った一撃は、右上隅のゴールネットを揺らした。「今でも覚えている」という森の会心弾が決勝点となった。

高橋が指揮を執って5年目。監督赴任当初、

1973年度全国総体 先発メンバー

GK	有ケ谷	隆 純正 信	志 一 等 之 義 隆 澄 雄 男 裕 生
FB	竹 原 朝 渡	原 辺 上 石	村 山
HB		森 小	真 行 春 勝 安
FW		海 中	伊 久 美

しずおかの高校サッカー 戦後の球跡　静岡北②

掲げた「5年以内で県制覇」の目標を達成し、初めて全国への出場権を獲得した。

1973年度全国総体競技別開会式で入場行進＝三重県上野市

三重県開催の全国総体は、初戦（2回戦）で金沢桜ケ丘（石川）を5-0と圧倒。ところが、3回戦はオウンゴールで同点とされ、遠野（岩手）に1-2で逆転負けした。初戦で勢いに乗ったと思われたが、動けなかったことが敗因だった。

「追い込みすぎた」と高橋は自省する。初の晴れ舞台に備え、指揮官は猛練習を課した。全国総体直前の関東遠征でも強豪校を退けて、順調な仕上がりを思わせた。

ところが、遠征中にチーム状態が急降下。調子が戻らないまま、本大会を迎えた。「体調を崩した選手が多かった」とHBの山村隆（現・大村、静岡ガス）。「実力を出し切れなかった」と振り返る中谷に、無念の思いがよみがえった。

全国で勝つより難しいといわれた、当時の県予選は突破したものの、初陣校にとって全国の壁も厚かった。

静岡北 ③ 猛練習実り2度目総体

2度目の全国舞台はデビューから4年たった1977年度の全国総体だった。

新チームのスタートは前途多難を思わせた。県新人大会の中部地区予選で敗退し、県大会に進むことすらできなかったからだ。ただ、出だしのつまずきは格好の発奮材料になった。「何とかしなければ」と朝練を開始したのだ。

朝練はGKで主将を務めた今井雅隆（J山形スタッフ）ひとりで始まったが、たちまちチームに浸透。さらに、「1日、4回練習した」と、ゲームメーカーの斉藤昌明（三立不動産）がいうように、猛烈な練習に発展した。成果は総体県予選に表れ、頂点に立った。

今井は「ポイントは準々決勝の浜名との一戦だった」と指摘する。浜名には春の遠征で0−2で完敗し、グラウンドを20周させられた、苦い思い出があった。

浜名は前年度優勝校で、1977年度もV候補の筆頭だった。監督の高橋は「勝てるぞ」と鼓舞したが、内心では「難しいと思っていた」という。しかし、選手たちは「20周走らされた借りを返そう」と気迫の戦いを挑み、2−1で競り勝った。

本命を倒したことで、勢いに乗った。準決勝は浜松湖東を2−0と圧倒、決勝は滝井修（静岡市駿河区在住）がヘディングで決勝点を奪い、静

1977年度全国総体
県予選決勝先発メンバー

GK	今井	雅隆	
	井	耕	二浩之護治明一修義史
FB	赤	井島	政 弘
	長	小久保	誠昌
	真	鍋	淳
HB	早	川	昌
	斉	藤	憲
	鈴	木	
FW	滝	井	油
		井	吉

174

しずおかの高校サッカー　静岡北 ③
戦後の球跡

岡学園を1―0で下した。

全国総体は、初戦（2回戦）で宇都宮工（栃木）と対戦した。前半7分に先制されたが、徐々に調子を上げ、斉藤が2点、鈴木淳一（ジャパン・リリーフ）と滝井が1点ずつを加点し、4―2で退けた。CKを直接決めた鈴木は「蹴る瞬間ひらめき、カーブを掛けた」と会心の一撃を思い起こした。

3回戦は柱谷幸一（前J浦和GM）を擁する京都商（現・京都学園）にPK勝ちし、ベスト8に進出した。準々決勝は島原商（長崎）と顔を合わせた。

夏場に強い島原商を相手に、前半はリズミカルなプレーをみせたが、後半、がくんとペースを落とし、1点をもぎ取られた。総体会場地の岡山は猛暑が続いていた。熱暑に動きを止められ、0―1で惜敗した。

「相手に力があった」と今井。利き足の左足を負傷していた斉藤は「暑くてきつかった。しかし、それ以上にけがをしていたのが悔しい」と、無念の敗戦を回想した。

1977年度全国総体県予選決勝。静岡学園に競り勝ち、喜び合う＝県営草薙球技場

④ 静岡北

下馬評覆し再び全国へ

学校創設18年目の1980年度、「自動車工」は校名を「静岡北」と改称、新たなスタートを切った。その新校名が県内に定着した1985年度、3度目の全国総体出場を果たす。

といっても、大会前、下馬評には全く上がらなかった。中部予選を最下位で通過したのが、その理由だった。ところが、2回戦で中部2位の藤枝北を1−0で破り、上昇気流に乗った。主将の塚本武彦（現・加藤、リペアワダ）は、試合を重ねるたびにチームが盛り上がっていくのを実感していた。

準々決勝の浜松北戦、準決勝の静岡西戦は、ともにGK田崎洋一の好セーブでPK勝ち。決勝は静岡を3−0と圧倒した。前半は0−0で折り返したが、後半、攻勢に出て杉山学（新潟経営大監督）の2得点とオウンゴールで試合を決めた。

指揮を執ったのは窪田富夫（旧姓太田、現・清水商教）。部長に回った高橋からバトンを受け、3年前からチームを率いていた。東海大一、清水商、浜名といった有力校が相次いで姿を消し、「運がよかった」といいながらも、窪田はCB、中盤、CFの「縦のラインがしっかりしていた」ことが出場切符獲得につながったと分析する。

総体本番は石川県で行われ、1回戦で大型ストライカーの高木琢也（J熊本監督）を擁した、

1985年度全国総体県予選決勝先発メンバー		
GK	田崎	洋
DF	一	正一彦
	田	憲嘉樹
	永山	雅史
	吉田	直彦
	杉田	克志
	永木	武久
MF	森本	岳郎
	鈴塚	博
	星野	三
FW	荻間	杉
	風	

176

しずおかの高校サッカー　静岡北 ④
戦後の球跡

1985年度全国総体県予選を制し、金メダルを胸に記念撮影＝県営草薙球技場

国見（長崎）と対戦した。防戦に追われていたが、後半18分に杉山が決めて先制。直後に逆転されたが、29分に塚本が頭で押し込んで追い付いた。試合は2ー2のまま延長でも決着せず、PK戦に突入した。県予選準々決勝、準決勝に続き、3度目のPK戦。勝負強さを発揮して接戦をものにしたが、八千代（千葉）と顔を合わせた2回戦もPK戦にもつれ込んだ。しかし、"3度あることは4度"とはならず、その先に敗戦が待っていた。

3度目の出場とはいえ、77年度以来、8年ぶりの全国舞台。中盤の一角でチームを支えた、鈴木克史（富士宮市在住）は「初出場と変わりはなかったので、みんなふわふわした感じだった」と回想する。

冷房の効き過ぎで体調を崩す選手が出たことも響き、体調管理の重要性をあらためて痛感させられた、久々の全国参戦でもあった。

全国への道が途絶えて四半世紀。監督就任5年目の千嶋武甲の下、再建への歩みは続く。

177

静岡学園 ① 基本に個人技重ね成長

個人技にこだわり抜く静学サッカー。その歩みは1967年度（昭和42）に始まった。

産声を上げたばかりのサッカー部は、国体予選を兼ねた県総体に果敢に挑戦。大会記録によると、相手の棄権で1回戦は突破したが、2回戦は静岡工に大敗した。新参チームの悲哀を味わったが、「近い将来に必ず黄金期を築いてみせるぞ」と、ものすごいファイトと希望に燃えて部の建設に努力した」との当時の記述がある。

創部2年目の1968年度、草創期の藤枝北を指導した実績のある、鈴木常夫（静岡市葵区在住）がコーチに就任して、本格的なチームづくりがスタートした。鈴木は夕方になると勤務先から駆け付け、基本技を徹底指導した。同時に生活態度にも重きを置き、真摯に取り組む姿勢を植え付けた。

中学時代にボールを蹴った経験者も徐々に集まり、戦う集団を形成すべく一歩一歩階段を上がった。1969年度に静岡市民大会で優勝すると、1970年度には県スポーツ祭でベスト8に進出、2年生FWの石川操（J磐田スタッフ）が国体少年の部県選抜の一員に選ばれた。石川は翌1971年度も国体選抜入りし、主将を務めた。

同じ1971年度、野球部が一躍、脚光を浴びた。初出場した夏の甲子園で準々決勝まで勝ち上がったからだ。サッカー部は野球部の陰に隠れていた。だが、石川は自身の国体での活躍により「サッカー部を見る目が変わったのを感じた」という。

1971年12月、新たな指揮官がやって来る。29歳の井田勝通（静岡市駿河区在住）である。

しずおかの高校サッカー 戦後の球跡　静岡学園①

静岡高―慶大を出て銀行勤めをしていたが、サッカー指導者への転身を決意、自ら売り込んで温め続けてきた夢を実現させた。こうして采配を振るようになった井田の下、静学サッカーの新たな歩みがスタートする。

当時の県高校サッカー界は、藤枝東以下有力校がしのぎを削り合い、ハイレベルの覇権争いを繰り広げていた。この中に新興チームが割って入るには―。井田が導き出した答えは、ほかと異なるサッカーをやることであり、南米スタイル、すなわち個人技の追求だった。

日本リーグ時代のフジタ工業で活躍したOBの後藤元昭（静岡産大職）は、鈴木に続き、井田から指導を受けた一人だ。「鈴木さんから基本を、井田さんからは技を学んだ」という。この間にチームは成長を続け「上を狙えると感じた」と振り返る。

1971年12月、静学サッカー部を預かるようになった井田勝通（前列中央）と当時の部員

② 静岡学園

強豪と分け合い県初V

　井田勝通を指揮官に迎えて1年2カ月。1973年度の新チームが、県新人大会に（1973年2月開催）に臨んだ。
　1967年度創部の新興チームながら、1970年度から3年連続、県スポーツ祭でベスト8に進出、1972年度には総体県予選もベスト8に駒を進めた。徐々に実績を積み上げてきて迎えた新人大会。浜松湖東、浜松北、清水東、さらに浜名を倒し、県レベルの大会で初めて決勝に進出した。
　決勝は、1カ月前の全国選手権で準優勝した藤枝東と対戦した。藤枝東は攻守の要の中村一義（富士通）と内藤洋介（藤枝市在住）をユース代表合宿で欠いていたが、やはり実力は抜きん出ていた。
　その強豪を向こうに回し、互角に渡り合った。後半8分に先制点を与えたが、20分に右から崩してチャンスをつくり、ゴール前に走り込んだ薮崎良夫（トクト）が決めて追い付いた。その後は互いに譲らず、1ー1のまま突入した延長もタイムアップとなり、優勝を分け合った。
　岡部中時代に県を制した経験を持つ薮崎は、静岡市内大会で好結果を出し、「やれそうだと思っていた」といい、両校優勝とはいえ、予感を体現させた。ベンチを預かる井田も手応えを感じつつあった。
　しかし、全国行きが懸かった戦いとなると、壁

1973年度県新人大会 決勝先発メンバー			
GK	榎田	正敏	弥夫
	石橋	弘	志美
FB	本川	雅	勝夫
	新村	静	喜弘
HB	寺田	英	勝夫
	工藤	政	吉
	北中	良	
FW	田口	祥	
	川崎		
	薮合		
	落		

180

しずおかの高校サッカー　静岡学園②
戦後の球跡

1973年2月の県新人大会決勝。藤枝東との攻防＝浜松北高

は厚かった。総体県予選は1973年度が1回戦、1974、1975年度は準々決勝でそれぞれ敗退。選手権県予選は1973、1974年度とベスト4に食い込み、決勝トーナメントに進んだが、ともに1回戦で敗れ、1975年度はリーグ戦で姿を消した。

当時の県内は藤枝東の長池実、清水東の勝沢要、浜名の美和利幸といった、情熱あふれ、かつ個性的な指導者がそろっていた。「どうしたら勝てるか」。井田は悩み抜き、「先輩指導者が夢に出てきたほどだった」と苦笑する。

井田といえば南米スタイル、すなわちテクニック重視のイメージが強い。ところが、日々の練習は質とともに量も要求、走ることにも力点を置いた。

「朝練は毎日だが、夜中にやらせたこともある。走るとなったら徹底的に走らせた。練習量は恐らくよその4、5倍はあった」といい、時として"理不尽"なトレーニングも課し、全国への壁をこじ開ける。

静岡学園 ③ 衝撃と称賛 選手権準V

1918年(大正7)以来、歴史を積み重ねてきた全国選手権は、1976年度(昭和51)に一大転換期を迎える。開催地が関西から関東に移ったのだ。55回目を数えるこの年度の大会は、関東開催のスタートを飾る記念すべき舞台。ここで、静岡学園は鮮やかに全国デビューする。

県新人大会は2回戦、総体予選は準々決勝で敗れたが、選手権予選は決勝に勝ち上がり、東海大一と対戦した。前半16分、1年生の成島徹(静岡産大男子監督)が押し込んで先制。後半に追い付かれたが、1—1で迎えた再延長前半9分、八木智嗣(東芝)のヘッドシュートで決勝点を奪った。

そして臨んだ選手権本番。初めて踏む全国舞台だが、持ち味を存分に発揮した。

1回戦は都城工(宮崎)に6—0、2回戦も神戸(兵庫)に5—0と大勝、有ケ谷二郎(カントリーマーケットルーシー)が2試合連続のハットトリックをやってのけた。有ケ谷は「みんなうまかったので、ゴール前で待っていればよかった」と控えめだが、チームは乗った。

パワーとスピードが目立つ中、個人技を前面に押し出し、あえて遅攻で勝負するプレーは衝撃的だった。準々決勝で古河一(茨城)を2—1、準決勝は八幡浜工(愛媛)を3—0で下し、初陣ながら決勝に進出した。

1976年度全国選手権 決勝先発メンバー

GK	森明嗣	下誠	申実	一志

| FB | 杉英 | 山智 | 保哲 | 誠治郎 |
| | 神八 | 木山 | 山高 | 義司 |

| HB | 杉杉 | 神山 | 山合 | 高二 |
| | 落三 | 木浦 | 合哲 | 昭真 |

| FW | 有ケ谷 | 宮本 | 宮原 | |

182

しずおかの高校サッカー　静岡学園③
戦後の球跡

相手は前年度王者の浦和南（埼玉）。V2に燃える相手に押し込まれ、前半17分までに0―3と大きくリードされた。だが、監督の井田は「3点差なら大丈夫」と焦らなかった。夏の大阪遠征で大商大と対戦、同じ0―3からタイに持ち込んだ経験があったからだ。

ピッチ上の選手は焦ったというが、井田の指示は「ゆっくり」だった。宮本昭義（カネミヤ）が決め、1―3となって流れが変わった。「心は折れていなかった」と三浦哲治（静岡産大・ボニータ監督）。

後半、2―5から猛追した。30分、有ケ谷―三浦とつないで2点差、37分には1年生宮原真司（コスモ石油）がゴールを奪った。「あと1点！」。スタンドは沸いたが、無情のタイムアップが待っていた。

頂点に立てなかったが、称賛を浴びた。国吉好弘（サッカーマガジン・スーパーバイザー）は静学サッカーに魅せられた一人で、「決勝で負けて

あれだけ評価されたのは、1974年W杯のオランダと静学ぐらい」と言い切る。

全国選手権で初出場ながら準優勝した1976年度の選手たち

④ 静岡学園

全国再挑戦 PK戦で涙

 全国選手権が関東に移った1976年度、静岡学園は異色のサッカーで初出場準Vをやってのけた。翌1977年度は準Vメンバーがごっそり残り、今度は全国制覇だ―と、周囲の期待が高まる中でシーズンインした。

 総体県予選は決勝に進出した。だが、自動車工（現・静岡北）に0―1で屈した。連続出場が懸かった選手権は、県予選第2関門のリーグ戦で姿を消した。2勝1分けと黒星はなかったが、得失点差で及ばず、ブロック2位にとどまったのだった。

 主将の三浦哲治以下、神保英明（故人）、落合高志（クーバーコーチングSS）の3年生トリオ、森下申一（J磐田スタッフ）、双子

選手の杉山誠、杉山実（ともにサンセールフットサルクラブ）、宮原真司、成島徹の2年生組は、いずれも前年度の準V経験者。この顔ぶれに新たな戦力を加え、陣容は整っていた。

 3年間、ピッチに立った成島は「2年の時が3年間で最も強かった」と確信している。ところが、主力の多くが世界ユース代表合宿や国体などでしばしばチームを離れ、「それが痛かった」と監督の井田。

 翌1978年度、県新人大会は1回戦、総体予選は2回戦で敗退し、シーズン前半は不振に終わった。だが、秋の選手権予選で巻き返す。リーグ戦を得失点差でしぶとく抜け出して4

1978年度全国選手権 古河一戦先発メンバー	
GK	森下 申一 幸寛
FB	三池 杉岸 輪田 杉山 高 誠実 司宏
HB	杉 杉 山辺 吉原 真行
FW	渡 宮 宮 本島 成

184

しずおかの高校サッカー　静岡学園④
戦後の球跡

1978年度全国選手権県予選決勝。勝利の瞬間、喜びが爆発＝県営草薙球技場

強入りすると、決勝トーナメント1回戦は杉山誠が2点をマークし、興誠（現・浜松学院）を2―1で下した。

決勝は清水商と対戦、前半35分に先手を取られた。しかし、39分に杉山実のPKで追い付き、後半25分、成島のセンタリングを宮本行宏（選手代理人）がボレーで合わせて逆転、2年ぶりの全国選手権出場を決めた。

2度目の選手権本番は、1回戦で水島工（岡山）と顔を合わせた。前半14分、右サイドから切り込んだ成島がゴールを奪って先制。その後、水島工の激しい当たりに苦しみ加点できなかったが、1―0で押し切った。

2回戦の相手は古河一（茨城）。0―0のままともに譲らずタイムアップ、PKもサドンデスにもつれ込んだが、7人目で決着し、勝ちを奪われた。主将の宮原は「チームを引っ張っていけなかった」と悔やむが、井田は「決定力不足だった」と敗因を分析した。

静岡学園 ⑤

14年ぶり選手権で8強

　静岡学園が再び、全国の舞台に戻ったのは1992年度（平成4）の全国選手権。実に14年ぶりの復活だった。

　2度目の選手権出場を果たした1978年度以来、苦戦を強いられていた。唯一、全国行きに王手を掛けたのは、三浦泰年（J北九州監督）、向島建（J川崎スタッフ）らを擁した1983年度。しかし、選手権県予選決勝で清水東に1－6と大敗した。

　それでも、監督の井田は「いつかは勝てる」と、静学スタイルのサッカーで毎年、勝負し続けた。

　さて、1992年度は―。総体予選で準決勝に進んだものの、藤枝東に延長の末、1－2で屈し、選手権予選はリーグ戦で東海大一に1－3で敗れ、ブロック2位での決勝トーナメント進出だった。

　決勝トーナメントに入ると、まず静岡北を2－0で下して4強入り。準決勝は藤枝東に1－0で競り勝ち、決勝は東海大一を2－1で倒し、前回の対戦で敗れた両校に借りを返した。MFの江端真一（エスパルス藤枝SSコーチ）は、チームの変容ぶりを痛感していた。「試合のたびにムードが上がり、負けるわけがないと感じるようになった」と。

　MVPはボランチの種井猛（アスキー）。準決勝の終了間際、藤枝東の同点シュートを防いだス

1992年度全国総体 県予選決勝先発メンバー

GK	宮島 健満 幸一 学		
DF	向島 大石 望月 望月	信秀 月泉 井黒 種井	猛泰真博 次郎 昭 一 清
MF		石江 鈴	泰真博 紀由
FW		山久保	山

しずおかの高校サッカー　静岡学園⑤
戦後の球跡

―パークリアが評価された。「オフサイドトラップを掛け損ない、その責任を取ろうと必死だった（種井）」プレーが、勝利を決定づけたのだった。

選手権本番。主将の大石信幸（ジヤトコ）は「自分たちのサッカーをやればいいと臨んだ」と言い、主将の言葉通り、14年ぶりの晴れ舞台といっても選手たちに気負いはなかった。

1回戦は大分工（大分）を1-0、2回戦は東海大五（福岡）を2-0、3回戦は山陽（広島）を2-1と、いずれも僅差ながら無難な内容で退け、ベスト8に駒を進めた。

準決勝は習志野（千葉）と対戦した。前半に先手を取られたが、後半、山村博士（アトラソンSS）の2ゴールで逆転、ロスタイムに入った。勝利は目前。「ヒーローインタビューのことを考えた」と山村。

だが、土壇場で追い付かれ、PK戦の末、惜敗した。オフサイドを流されたことが、習志野の同点弾につながったのだった。無情の判定と同情を集めたが、選手たちの多くは「あまり気にならなかった」といい、現実を冷静に受け止めていた。

1992年度全国選手権予選を制し、表彰式後、記念写真に収まる＝県営草薙球技場

⚽6 静岡学園

選手権 悔しい両校優勝

　全国選手権決勝にPK戦が導入されていなかった1995年度、静岡学園は決勝に進出し、鹿児島実（鹿児島）と優勝を分け合った。両校Vとはいえ、頂点に立ったことには変わりなく、静岡県勢5校目の選手権覇者となった。

　選手権予選を前にした関東遠征でのことだった。前橋商（群馬）に3－4で敗れると、監督の井田は100メートル走100本の走り込みを命じた。井田が時に課した、理不尽な練習である。翌日は帝京（東京）と相対した。すると、前日とは打って変わった動きを見せ、5－0で完勝した。これで、井田は「いけそうだ」との手応えをつかんだ—と回想する。

　県予選は決勝トーナメント1回戦で常葉菊川を4－0と圧倒したが、準決勝は東海大一に後半終了間際まで0－1とリードを許した。手応えをつかんだはずの指揮官も、さすがに「苦しかった」という。しかし、森山敦司（元J横浜F、山形）の起死回生のシュートで追い付き、延長の末、3－1で突き放した。

　決勝は清水東と対戦。前半15分に桜井孝司（元J横浜F、札幌）、20分に森川岳人（多摩大目黒高コーチ）が決め、そのまま2－0で押し切って、3年ぶり4度目の全国に名乗りを上げた。

　全国選手権は1回戦で東山（京都）を6－0

1995年度全国選手権 先発基本布陣	
GK	南 雄太／巳介平／太也記
DF	森 拓恭／川川洋／石川俊／田井浩
MF	石 俊武／飯塚亮／石沼司／新山人／森岳孝
FW	塩桜／川井

188

しずおかの高校サッカー 静岡学園⑥
戦後の球跡

みぞれの中での表彰式。両校Vとあって、静学イレブンには笑顔はなかった＝国立競技場

と寄せ付けず、2回戦は関東遠征で敗れた前橋商を4－1で退けた。3回戦は富山一（富山）と2－2のまま、PK戦にもつれ込んだが、サドンデスの末、しぶとく競り勝ち、準々決勝は佐賀商に4－1で圧勝した。

準決勝は東福岡（福岡）とぶつかると、富山一戦に続いて（スコアは1－1）PK戦に突入した。ここで、1年生GKの南雄太（J熊本）が4人目を食い止め、接戦にけりを付けた。

V決戦の相手は鹿児島実（鹿児島）だった。みぞれの中の戦いとなったが、持ち味の攻めのサッカーを仕掛け、前半38分に森山、後半開始直後に石井俊也（藤枝MYFC）が決め、優位に立った。

しかし、徐々にパワーと高さに押され2失点。「攻めのサッカーなので、失点には慣れていた」と主将の森川拓巳（J熊本スタッフ）。従って焦りはなかったというが、攻め切れずに2－2で延長もタイムアップ。鹿児島実とともに、金メダルを胸に掲げられた。だが、「監督を胴上げできず悔しくて」（森川）、表情はどの選手も硬かった。

静岡学園 ⑦ 連覇の夢 準決勝で散る

両校で優勝を分け合ったとはいえ、まだ選手権初Vの記憶が新しい、1996年4月末、静岡学園は総体県予選で不覚を取る。

監督の井田勝通が、春休みの日本高校選抜欧州遠征に帯同したこともあって、足並みがそろわず、中部地区予選リーグで敗退したのだ。だが、思わぬ敗戦を喫したことで、「チームはまとまった」と主将を務めた内藤修弘（サンフィールドばらの丘代表）。ここから、1996年度のチームはリスタート。選手権県予選連覇への歩みが始まった。

県予選を前に、市船橋（千葉）との練習試合で快勝した。この試合を境にチームは上昇気流に乗った。前年度と同様、関東勢との手合わせは浮上へのきっかけとなり、飯塚浩記（フジ環境サービス）は「負けないチームに仕上がった」と感じ取った。

県予選はブロックリーグ戦を1位で通過し、決勝トーナメント1回戦で清水商に3-2で競り勝った。続く準決勝は、坂本紘司（J湘南）が決勝ゴールをたたき出し、1-0で清水東を退けた。坂本は県予選、全国選手権を通し、点取り屋の本領を発揮して毎試合のように得点をマークした。

決勝は藤枝東と対戦した。試合前、井田は、藤枝東監督の服部康雄（現・県教委）と「攻め合おう」と声を掛け合った。試合は指揮官同士の

	1996年度全国選手権 県予選決勝先発メンバー	
GK	南 雄介	太也龍亮記弘也武毅司
DF	橋崎藤 泰哲興	木塚藤 浩修鉄 一紘
	大山斉	鈴飯内 大石
MF		
FW		石倉坂 貫本

190

しずおかの高校サッカー 戦後の球跡　静岡学園⑦

言葉通り、激しい点の取り合いとなったが、倉貫一毅（J京都）が奪った4点目が決勝点となり、4—3で攻め合いを制した。

「粘り強さが持ち味だった」と、相手のエース封じ役に徹した、斉藤興龍（静岡学園教）。決勝トーナメントはすべて1点差の勝利だった。

全国選手権初戦（2回戦）は、前年度、圧勝した東山（京都）との再戦だった。「1年前に大勝ちしたので、やばいと思った」井田の危惧が現実になった。2度、2点をリードされた。しかし、粘り強く追い上げ、4—3で逆転勝ちした。

3回戦は四日市中央工（三重）を3—0と圧倒。国見（長崎）との準々決勝は、坂本のバックヘッドで2—2とし、GK南雄太（J熊本）の好セーブでサドンデスのPK戦をものにした。

準決勝は中村俊輔（J横浜M）がいた桐光学園（神奈川）との対戦だった。連戦で体調を崩す選手も出て、リズムに乗り切れなかった。後半、オウンゴールで失点。坂本の同点弾が出たが、

再度、もつれ込んだPK戦は勝利に見放された。2年連続のV決戦出場は逃した。だが、4強入りし、当時、静岡代表の責務といわれた、都道府県代表に与えられる次年度シード権は確保した。

1996年度全国選手権準々決勝。国見にPK勝ちし、GK南（右から2人目）を中心に喜び合う＝駒沢陸上競技場

⚽8 静岡学園

大敗乗り越え選手権へ

　1999年度は、3年ぶりに全国選手権に駒を進めた。「2年間、空いたので、どうしても連れて行きたかった」と監督の井田。そのために「相当絞った」結果、手にした全国行きの切符だった。

　1999年度のシーズンに挑むチームは、県新人大会で決勝に進出。藤枝明誠と2-2で引き分け、優勝を分け合ったが、2年連続6度目のVと上々の滑り出しをみせた。

　総体県予選も決勝に勝ち上がった。だが、浜名に0-1で敗れ、ブロック予選を勝ち抜いて出場した全日本ユース(U-18)は、市船橋(千葉)に1-6で完敗した。選手権県予選の出番まで1カ月弱。井田は、立て直しのために1週間、朝昼夕の3部練習を課した。しばしば試みた"理不尽な練習"だった。「きつかった。が、巻き返したいとの思いで乗り切った」と主将の菅原太郎(JFL・HOYO大分)。

　チームは引き締まり、選手権予選はブロックリーグ1位で決勝トーナメントに勝ち進んだ。1回戦は新人大会で優勝を分け合った藤枝明誠を2-0で下し、準決勝で清水東と対戦した。前半20分に退場者を出し、「やばいと思った」菅原だが、自ら2点をたたき出し、2-1で勝ちを収めた。

　決勝の相手は藤枝東だった。準決勝以上に苦しめられたが、谷沢孝典(元静岡FC)の先制

1999年度全国選手権 初戦先発メンバー		
GK	植松宗	史彦典
	永山	充也
DF	中永北	太樹
	山田川	典記
	淳栄	勉
	和孝	高
	広弘	郎太
MF	安桜谷宮	藤田沢津辺
FW || 渡岡菅	島原

192

しずおかの高校サッカー 静岡学園⑧
戦後の球跡

1999年度全国選手権県予選決勝。先制点に喜びを爆発させる＝県営草薙球技場

点と宮津広記（航空自衛隊）の決勝点で2ー1で競り勝った。
こうして出場した3年ぶり6度目の選手権本番。勝ち上がれば、準決勝で全日本ユースで大敗した市船橋と再戦できる組み合わせだった。
「市船に借りを返すために、ベスト4を目指した」と、2年生FWの岡島弘高（静岡学園中監督）。
初戦（2回戦）は宮津の2得点で佐賀北（佐賀）を2ー0で倒し、3回戦は菅原がハットトリックを達成し、奈良育英（奈良）を3ー1で退けて8強入りした。
準々決勝は前橋育英（群馬）と顔を合わせた。市船橋との再戦まであと1勝。気合を込めて臨んだはずだが、リズムに乗れず、後半6分までに0ー3とリードを許した。しかし、士気は衰えなかった。15、26分に菅原が決めて1点差。反撃は続き、短いパスとドリブルで攻め込んだ。一歩届かなかった。2ー3で敗れ、借りを返したかった市船橋との再戦は実現できなかった。だが、後半は持ち味を存分に発揮し、静学サッカーがスタンドを魅了した。

193

静岡学園 ⑨ 選手権常連も上位遠く

1990年代の静岡学園は、選手権県予選の上位が定席だった。特に1994年度からは毎年、決勝に進出し、1999年度までの6年間で3度、代表権を獲得した。2000年代を迎えても強さは変わらず、2001、2002年度と連覇し、全国に名乗りを上げた。

2001年度は総体県予選で決勝に進みながら、藤枝東に11人目までもつれ込む、サドンデスのPK戦の末、競り負け、初の全国総体出場を逃した。しかし、選手権予選は藤枝東と準決勝で再戦し、2—1で借りを返した。決勝は清水東と顔を合わせた。0—0のまま、またもPK戦に突入したが、今度は競り勝って全国行きを決めた。本大会出場は2年ぶり7度目。1990年代半ばから全国経験を積み重ねており、「その経験が生きたような気がする」と、監督の井田は紙一重の勝利を分析する。

選手権本番。鵬翔（宮崎）を3—1で破って初戦を突破し、2回戦は滝川二（兵庫）に5—0と大勝して、エンジン全開を思わせた。ところが、3回戦は一気にペースダウン、作陽（岡山）に動きを封じられた。「うちのサッカーをよく研究してきた。こっちは負けたことのない相手だったので、油断があった」と井田は述懐する。

2001年度 全国選手権県予選 決勝先発メンバー		
GK	海野	剛
DF	村山	拓也
	永田	充
	剣持	貴充
MF	永作	浩基
	牧野	泰直
	松下	幸平
	尾鷲	優
FW	谷沢	達也
	吉田	陽平
	横山	拓也

2002年度 全国選手権県予選 決勝先発メンバー		
GK	飯塚	渉
DF	剣持	貴充
	松下	幸平
	小林	祐三
MF	安藤	淳
	牧野	泰直
	松本	篤史
	狩野	健太
FW	谷沢	達也
	横山	拓也
	木戸	吾郎

しずおかの高校サッカー
戦後の球跡

静岡学園⑨

後半開始直後に先制され、東京）のシュートで追い付いたが、永田充（J浦和を軸にした堅守も崩され、1―3で敗れた。

翌2002年度は選手権県予選決勝で藤枝東と対戦し、前半は0―1とリードを許した。が、主将の牧野泰直（JFLホンダFC）によれば「みんな余裕があった」。この言葉を裏付けるように、後半は追い上げ、ロスタイムに横山拓也（J浦和など）の劇的な決勝ヘッドが飛び出し、2―1で逆転勝ちした。

2年連続8度目の全国選手権は、後のJリーガーがずらりとスタメンに名を連ねる布陣で臨んだ。前評判は高かったが、中盤の核の安藤淳（J京都）が大会直前のけがで戦列から離れ、チームに微妙に影響が出た。

多々良学園（現・高川学園）との初戦（2回戦）は、後半8分、1年生・狩野健太（J横浜M）のロングシュートで先手を取った。しかし、流れを引き寄せることができず、6分後に追い付かれると、1―1で突入したPK戦も及ばず、早々と姿を消した。「自信はあった」（牧野）というだけに、初戦敗退のショックは大きかった。

2001年度全国選手権県予選を制し、表彰式に臨む＝県営草薙球技場

195

⑩ 静岡学園

技術を立証、ユース準V

　2003年度、全国9地域にプリンスリーグが誕生した。日本サッカー協会がユース（18歳以下）年代の強化、育成を目的に打ち出した新たな試みで、全日本ユース選手権出場を懸け、地域ごとにリーグ戦を展開することになった。

　参加チームは当時の実績をもとに、高校とクラブの中から選出された。静岡学園は藤枝東、磐田ユース、清水ユースとともに、"1期生"として東海プリンスリーグに参入、ここで2位と気を吐いて全日本ユースへ駒を進めた。

　予選リーグで市船橋（千葉）に0ー2で敗れたが、しぶとくブロック2位に食い込んで、8チームで争う決勝トーナメントに進んだ。1回戦は鵬翔（宮崎）を2ー0と圧倒、準決勝は狩野健太のCKを頭で合わせた松下幸平（米アトランタ）の決勝弾で、広島ユースを1ー0で退けた。決勝は市船橋との再戦となった。予選リーグの借りを返すべく、立ち上がりから押し込み、シュート数17ー6と圧倒した。だが、クリアミスからカレン・ロバート（オランダ・VVVフェンロー）に決勝点を奪われて、0ー1で惜敗した。準Vに終わった。だが、土砂降りの重馬場ピッチにもかかわらず、鋭いパスサッカーを披露して、

2003年度 全日本ユース 決勝先発メンバー		
GK	飯塚	渉
DF	平島	大介
	小林	祐三
	庄子	基史
MF	松下	幸平
	山梨	純平
	加藤	僚
	中村	友樹
	狩野	健太
FW	横山	拓也
	板倉	史門

2006年度 全国選手権県予選 決勝先発メンバー		
GK	船崎	晃弘
DF	小林	辰宣
	小坂	翔
	小川	将成
	佐野	幸正
MF	藤井	豪
	大塚	光司
	杉浦	恭平
	吉田	豊
FW	伊藤	達也
	国吉	貴博

しずおかの高校サッカー
戦後の球跡　　静岡学園⑩

2003年度全日本ユース準決勝の広島ユース戦に臨む先発メンバー＝国立競技場

技術の確かさを立証。「手応えを感ずるチームだった」との指揮官・井田の評価を裏付けた。次の全国舞台は2006年度の選手権だった。

県予選決勝は藤枝東と対戦、ロスタイムに刈込真人（ロンドリーナ）が決勝点をたたき出し、2―1で競り勝った。

4年ぶり9度目の本大会は2回戦から登場、杉浦恭平（J川崎）の2得点などで佐賀東（佐賀）を3―1で下した。青森山田（青森）との3回戦は0―0のままPK戦突入を思わせたが、ロスタイムに国吉貴博（J鳥栖）―大石治寿（刈谷FC）とつないで、決勝点をもぎ取った。

準々決勝は作陽（岡山）と顔を合わせた。全日本ユース予選リーグで3―0で完勝していたが、井田には「難しい試合になる」との予感があった。

やはり苦戦を強いられた。前半はシュート1本に抑えたが、後半、鋭いカウンターに遭って守りを崩され、2―3で敗れた。試合後、「研究されていた」と国吉。雪辱に燃える相手と相対する難しさを痛感させられた、一戦だった。

197

静岡学園 ⑪ ジンクス破り初の総体

2009年度、静岡学園は大きな転換期を迎えた。1971年暮れからチームを率いてきた井田が指揮官の座を降り、教え子の川口修（静岡市葵区在住）がバトンを受けたのだ。

川口は静岡学園卒業後、サッカー修行のためにブラジルに渡り、帰国後、藤枝明誠のコーチなどを経て、1997年1月に母校のコーチに就任。恩師の補佐役を務めてきた。

新監督・川口のもと、新たなスタートを切った静岡学園は、総体県予選で決勝に進出した。しかし、清水商に1ー2で敗れ、選手権県予選も清水商に準決勝で1ー3で屈した。

川口はコーチ就任2年目から、県新人大会のべンチを預かってきた。だが、新人大会は短期決戦のため、「年間を通した指導法が理解できていなかった」と、監督デビューのシーズンを振り返る。

翌2010年度、総体予選で再び決勝に勝ち上がった。相手はまたも清水商だった。「2年続けて同じ相手に負けられない―と、選手は燃えていたはず」と川口。前半11分、星野有亮（専大）のCKを中西倫也（桃山大）が頭で合わせて先制。この1点を守り切って、全国総体出場を決めた。

選手権は既に常連校の仲間入りをしていたが、総体は初名乗り。決勝進出は何と9度目で、「静学は夏に勝てない」ジンクスを〝9度目の正直〟で打ち破った。

2010年度全国総体 県予選決勝先発メンバー

GK	一ノ宮	聖
DF	知己	貴大
	金	亮太
	大	敏吾
	拓	也
	月井	有僚
	望	幸
	野島	研
	片	竜
	星	東原
MF	大	倫
	伊	瑠
	篠	川
	長谷	西
FW	中	根
	利	

しずおかの高校サッカー　戦後の球跡　静岡学園⑪

目標は秋の全日本ユース（U-18）であり、冬の選手権で、「総体は通過点」（川口）ととらえていた。その総体で全国行きの切符をつかみ、成長ぶりを示した。

初の総体本番は猛暑の沖縄県が舞台だった。1回戦は鈴木健太（桃山大）の2得点などで札幌一（北海道）に5-0と大勝、2回戦は鹿児島城西（鹿児島）を2-0で下し、3回戦に臨んだ。桐光学園（神奈川）を相手にした一戦は、過去2戦から一転、立ち上がりから動きが鈍かった。前半18分の失点が重くのしかかり、0-1で敗れた。3連戦と猛暑で、体力は限界に達していた。

次に挑んだのは、目標の一つの全日本ユース。予選リーグを突破し、決勝トーナメントは名古屋ユース、横浜Mユースを連破し、準決勝で広島ユースと対戦した。前半、利根瑠偉（徳山大）の活躍で2-0としたが、後半開始早々、守りの要の金大貴（京産大）が退場したのが響き、2-4とよもやの逆転負けを喫した。だが、Jユー

スと対等に渡り合い、指揮官は合格点を与えた。

2010年度全国総体県予選を初制覇し、喜びがはじける=エコパスタジアム

199

⑫ 静岡学園

夏の王座に一歩届かず

2010年度の静岡学園は、総体、全日本ユースと全国の舞台を踏み、年度最終目標の選手権に挑んだ。

県予選は着実に勝ち抜いて決勝に進出した。相手は清水商で、総体予選に続いてのV対決再戦となった。

雪辱に燃える清水商を向こうに回し、持ち前のドリブル突破を武器に攻め込んで、後半11分までに3—0とリード。退場者を出し、1点を返されたが、主将の金大貴を軸にした守りは崩れず、3—1で押し切って4年ぶり10度目の本大会出場を決めた。

選手権本番は1回戦で米子北(鳥取)、2回戦で宇和島東(愛媛)を、ともに2—0で退け、3回戦で日章学園(宮崎)と対戦した。大島僚太(J川崎)、広渡剛太(福岡大)、篠原研吾(国士大)らが個人技を生かして切り込んだが攻め切れず、0—0で突入したPK戦は2人が外して競り負けた。

夏の総体に続き、3回戦での敗退だった。ともに相手は2回戦からの登場。疲労度の低い相手にどう対処するか。監督の川口修は、全国を勝ち抜くためには「3連戦目が鍵」と痛感する。

2011年度は総体で県予選を制し、2年続けて全国に駒を進める。決勝は藤枝東と顔を合

2010年度 全国選手権 1回戦先発メンバー	
GK	一ノ宮　聖
DF	望月　大知
	片井　拓己
	金　　大貴
	伊東　幸敏
MF	松本　翼
	星野　有亮
	長谷川竜也
	広渡　剛太
FW	鈴木　健太
	利根　瑠偉

2011年度 全国総体県予選 決勝先発メンバー	
GK	福島　春樹
DF	望月　大知
	木本　恭生
	望月　遥伊
	伊東　幸敏
MF	秋山　一輝
	柴田　則幸
	長谷川竜也
	渡辺　準
FW	山本　啓介
	野田　侑成

しずおかの高校サッカー 戦後の球跡　静岡学園⑫

2011年度全国総体県予選決勝。藤枝東ゴールに鋭く迫る＝エコパスタジアム

わせ、前半はピンチを招いた。そこで0―0の後半、サイドバックの主将、伊東幸敏を左から右へ移した。このサイドチェンジが効を奏し、右から崩してゴールを奪うと、2―0で好敵手を退けた。

本大会は体力の消耗に配慮した戦いぶりで3回戦に進出。海星（長崎）を4―0で圧倒して、

指揮官が「鍵」とみた3戦目をクリアした。壁を突破すると勢いは加速、大阪桐蔭（大阪）、流通経大柏（千葉）を連破し、決勝で桐蔭学園（神奈川）と対戦した。前半12分に先手を取った。しかし、リズムをつかめず、後半は防戦に追われて1―2と逆転を許し、夏の王座を逃した。

主将の伊東をはじめ、長谷川竜也、秋山一輝の主軸3人をけがで欠いていた。戦力低下が指摘されたが、川口は「出場したのがベストメンバー」と意に介さなかった。

日々の練習では、控え組にも常に目を配り、全体の活性化を図る。「練習はAよりB、BよりCチームの方が厳しい」と川口。こうした姿勢は前任指揮官・井田の時代から脈々と流れ、今も静学サッカーを支えている。

東海大一 ①

県決勝惜敗 飛躍の予感

浜名が総体で初出場初優勝の快挙をやってのけてから16年後の1986年度（昭和61）、選手権の県代表にも初出場初優勝校が生まれる。東海大一である。

開校は1951年度。サッカー部は1962年度に産声を上げた。1963、1964年度の2年間、監督を務めた水田士華毅（焼津市在住）は、サッカー未経験者。藤枝東出身だったことから声が掛かり、「困惑したのを覚えている」と当時を思い起こす。

1965年度になると、三岡稔迪（東京有明医療大参与）が監督を引き継いだ。「若いから」が就任要請の理由だった。三岡によると、「うまい選手もいたが、好きな者が集まってボールを蹴っているレベル」であった。

三岡もサッカー部に籍を置いた経験はなかった。従って「試合にはついて行ったが、練習は選手たちに任せていた」。だが、後に指導者として迎えるべく、一人の教え子に白羽の矢を立てていた。佐藤充（現・和久田、流通経大柏女子監督）で、三岡の意を受けて中京大に進み、卒業と同時に母校に戻って、1971年度から指揮を執った。

佐藤は部長に回った三岡の後押しを受け、本格的に強化に乗り出した。まず、近くの農家を借り、寮を開設した。2年目からはアパートに移ったが、この寮を拠点に練習に打ち込んだ。

1976年度全国選手権県予選決勝先発メンバー

GK	明正	司弘	史也	均次	生之幸
FB	祥一	浩雅	充真	宣茂	忠嘉
	谷井	田水	本田	川内	原野沢
HB	池大	八清	杉竹	菊山	氏佐小
FW					

202

しずおかの高校サッカー　東海大一 ①
戦後の球跡

選手確保にも奔走した。「地元清水からは難しかった」ため、出身地である藤枝市のほか、浜松市にも足を運んで各中学校に協力を要請した。

佐藤が指導を始めて6年目の1976年度、選手権県予選で、1次トーナメントとリーグ戦を勝ち抜き、4校で争う決勝トーナメントに名乗りを上げた。1回戦の相手は実力ナンバー1と目されていた藤枝東だった。だが、延長の末、1─0で粘り勝ちして決勝に進出、静岡学園と対戦した。

夏の練習試合で2─0で勝っていたことから、佐藤には「いける」との思いがあった。試合は緊迫した攻防が続き、1─1のまま、再延長までもつれ込んだ。しかし、再延長前半9分、CKから決勝点を奪われた。

V決戦には敗れた。とはいえ、初めて踏む県大会決勝の舞台で見せた臆することのない戦いぶりは、その後の飛躍を予感させた。

1962年度に産声を上げたサッカー部。〝1期生〟が勢ぞろい

② 東海大一

勝利目前 初の全国逃す

全国選手権県予選で準優勝するなど、成長著しい東海大一は、1978年度に新たな指揮官を迎え、全国制覇への道を歩むことになる。

1971年度から采配を振り、発展への基盤をつくった佐藤充が八千代松陰（千葉）に転出。望月保次（現・東海大翔洋総監督）がバトンを受けた。

望月は清水東→日体大→本田技研を経て、夢だったという指導者の道に進み、小学校教諭から東海大一に赴任した。率いるチームは監督1年目の1978年度に選手権予選で、1981年度には総体予選で、ともに準決勝に進出した。

翌1982年度。まず新チーム結成直後の県新人大会で藤枝東と対戦した。互いに譲らず、0-0で迎えた延長前半3分、交代出場した萩原直樹（ジヤトコ）の左足シュートで決勝点を奪って優勝。初めて県のタイトルを手にした。

冬の頂点に立ったが、目標はあくまでも秋の選手権予選制覇だった。その選手権予選は関што次々と突破し、6年ぶりに決勝に進出した。

相手は清水東だった。前半11分、木原重信（広島市在住）が決めて先手を取った。前半残り3分に追い付かれたが、後半21分、1年生江本城幸（福島・会津工監督）のシュートで突き放した。「残り1分！」。DF畑喜美夫（広島・安芸南監

1982年度県新人大会 決勝先発メンバー	
GK	山田 泰史
DF	鈴木 康博信
	山原 重浩二
	木原 幸己
	塩屋 剛人
	本塚 昌雄
MF	糟塚 一治
	大木 修
	青之内
FW	城山
	吉

しずおかの高校サッカー 戦後の球跡　東海大一 ②

1982年2月、県新人大会決勝。藤枝東との攻防＝沼津工グラウンド

督）の耳に、望月の叫びが届いた。勝利は目前、と思われた瞬間、清水東・望月哲也（静岡市役所）が繰り出したロングボールが、そのままゴールに吸い込まれた。直後にタイムアップ、延長に突入した。

ゴールを守っていた1年生の藤田弘和（静岡北コーチ）は「センタリング」と読み、反対サイドからの攻め上がりに対処すべく、行動を起こした。が、ボールはゴールへ向かった。無情な結果となったが、藤田は「あの経験は無駄にはなっていない」という。

延長にもつれ込んだ戦いは、前半7分に決勝点を奪われ、2―3で黒星を喫した。DFの行徳浩二（J岐阜監督）は、延長に入ると勢いの違いを痛感。「その差が結果に表れた」と述懐する。全国行きは逃した。だが、バランスの取れた布陣で、攻守に隙のないチームに仕上がっていた。「やっていて楽しかった」と行徳。指揮を執る望月も「自信があった」といい、「全国で見てほしいチームだった」との思いは、今でも変わらない。

205

東海大一　2年連続　県決勝で散る

東海大一の全国制覇への道のりは険しかった。1982年度の選手権県予選決勝で、ほとんど手中にした勝利を逃したのに続き、1985年度も最後の壁に跳ね返されたのだ。

1984年度の選手権予選は、1次トーナメント、リーグ戦を突破して4強入りした。決勝トーナメントは1回戦で静岡工と対戦し、1年生MF、杉山淳一（矢崎計器）のシュートで先手を取ると、2－0で下して決勝に駒を進めた。決勝は藤枝東と顔を合わせ、立ち上がりから攻勢に出た。シュート数は16－8。ところが、藤枝東に速攻を許して3失点、終盤の反撃も山田泰寛（富士常葉大監督）がCKから1点を返し

たのにとどまり、1－3で涙をのんだ。

翌1985年度は「強いチームだった」と監督の望月。主将の杉本雅央（トップ印刷）、山田、それに岡野薫（広島市在住）の前年度からの経験者を軸にした布陣は攻守にバランスが取れていた。

プレーする選手たちも手応えを感じ取り、杉本も山田も「負ける気はしなかった」と口をそろえる。事実、二人の言葉を裏付けるように、「大学にも負けなかった」（望月）という。

選手権予選は順当にベスト4に進出、決勝トーナメントはまず清水東と対戦した。開始40秒にいきなり先手を取られ、その後も押し込まれ

1985年度全国選手権
県予選決勝先発メンバー

GK	佐　野　友　昭
	大　嶽　直　人
DF	内　藤　直　樹
	山　田　泰　寛
	岩　瀬　健　司
MF	沢　登　正　朗
	杉　本　雅　央
	杉　山　淳　一
FW	岡　野　　　薫
	久保山　和　人
	アデミール・サントス

しずおかの高校サッカー　東海大一 ③
戦後の球跡

た。だが、前半32分に追い付くと、後半37分に杉本がPKを落ち着いて決め、決勝に勝ち上がった。

V決戦の舞台は2年連続。杉本は「前の年に負けているので、勝たなければ――と気負いがあった気がする」と回想する。清水商を相手にした一戦は追う展開となった。「常に先手を取られ、きつかった」と山田。だが、1―2の後半34分、その山田のヘッドシュートで同点とすると、主導権を奪い返した。

試合は2―2のまま延長に突入したが、互いに譲らずPK戦へ。しかし、勝負強さでわずかに及ばず、またも全国行きを逃した。

ベンチを預かるようになって、決勝には3度、進出した。だが、すべて星を落としたとあって、望月は「ずっと勝てないんじゃあないか」と真剣に悩んだ。「どうしたら勝てるのか」。模索する日々が続いた。

公式戦と練習マッチを合わせると、年間試合数は130試合に達していた。望月はこの年間試合数に着目した。

1985年度全国選手権県予選の先発メンバー。2年連続で決勝に進出した＝県営草薙球技場

④ 東海大一

初の選手権で無失点V

望月は1986年度のシーズンにそなえ、年間試合数の大幅削減に踏み切った。選手権県予選決勝での敗退が続き、「どうしたら勝てるか」と悩み抜いた末に探り出した打開策だった。

前年度まで年間試合は130を数えていた。「これだけ多いと1試合1試合がおろそかになる」。こう考えた望月は半数以下の60試合に絞り込み、「練習試合でも集中して臨ませた」。

もう一つ、打ち出したのは、守備力の強化だった。戦力を分析した結果、勝ち抜くための必須条件と受け止めたからだ。一対一の対応からブロックでの守り、さらにカバーリングなど、守備練習に力を注いだ。

こうして迎えた選手権予選。決勝トーナメント1回戦で藤枝北を2－1、準決勝で静岡市立を1－0と、競り合いを制し、3年連続、決勝に進出した。

相手は清水東だった。立ち上がりから緊迫した攻防が続いたが、後半5分、平本慎一（奈良県在住）が決めて先制。この1点を大嶽直人（なでしこ伊賀監督）、内藤直樹（J清水スタッフ）のセンターバックを軸にした堅守で守り切り、分厚かった県の壁をとうとう突き破った。

初めて踏んだ全国の舞台だったが、気負うことなく着実に勝ち上がった。初戦（2回戦）の徳島商（徳島）戦は前半、攻めあぐんだが、後半

	1986年度全国選手権 決勝先発メンバー
GK	佐野友志樹人一弘一朗一輝
DF	柴田藤内圭嶽大橋直大進田康山淳登正慎政
MF	吉杉沢平平沢
FW	アデミール・サントス

しずおかの高校サッカー　東海大一 ④
戦後の球跡

1986年度全国選手権準決勝。スタンドの応援団へ喜びのV報告に走る＝国立競技場

は11分の沢登正朗（サッカー解説者）を皮切りに、アデミール・サントス（イカイ監督）、平沢政輝（トヨタ自動車）と続き、3-0で圧倒した。

3回戦は大宮東（埼玉）、準々決勝、準決勝は高知（高知）、秋田商（秋田）を退けた。スコアはいずれも3-0だった。決勝は国見（長崎）と対戦した。国見はやはり初出場だったが、夏の総体優勝校で前評判も高かった。

しかし、「怖いとは思わなかった」と主将の大嶽。前半32分、サントスのスーパーFKで先制した。得意の左足から繰り出されたボールは、相手の壁の外側からゴールに吸い込まれた。「自信があった」（サントス）会心の一撃だった。後半33分、今度は沢登のCKを大嶽が頭で合わせ、突き放した。

終盤の守りも万全だった。2-0のまま押し切り、初陣対決を制して頂点に立った。

初戦から決勝まで、5試合すべて完封勝ち。初出場初優勝の快挙は、鍛え抜いた守備力が原動力となっていた。

東海大一 ⑤

雪辱許し夢のV2逃す

　1987年度の東海大一は、前年度の選手権初Vに続き全国連覇なるか、注目を集めた。

　主将の沢登以下、平沢、吉田康弘（明大コーチ）、柴田圭志（関東自動車）、大橋進一（元J神戸スタッフ）の5人は、初V経験組だった。展開力の沢登、得点力の平沢、献身的な吉田らの存在を、監督を務めた望月も心強く受け止め、5人がリードするチームには「前の年より上」との手応えを感じていた。

　不安材料も抱えていた。望月が日本サッカー協会の要請でユース年代の強化を担当することになり、しばしばチームを離れることだった。「年間100日以上はいなかった」といい、その影響は総体予選に現れた。選手権王者とあって前評判は高かったが、準々決勝で沼津学園（現・飛龍）に1―2で屈し、姿を消した。

　しかし、秋には本来の強さがよみがえった。選手権予選で決勝トーナメントに進むと、清水東、藤枝東、清水商とライバル校を次々と倒し、2年連続、本大会出場を決めた。

　全国選手権は2回戦から登場して、松江東（島根）と対戦。濁沢一仁（元J・C大阪）と平沢がともに4得点と爆発し、8―0で圧勝した。3回戦は一転、佐野日大（栃木）の食い下がりに苦しんだが、後半20分に平沢が決勝点を奪って、1―0で退けた。

1987年度全国選手権決勝先発メンバー

GK	中 洋司	原 幸寿	一弘
DF	吉村 智志	御堂 進	義朗之輝
	熊埜 圭博	田橋 康久	康政仁
	柴 大	田 月進	登永一
MF	吉 望沢 篠	月 登	正政
FW		平 濁	沢沢

しずおかの高校サッカー　東海大一⑤
戦後の球跡

準々決勝の相手は帝京（東京）。「組み合わせが決まった時からヤマ場と見ていた」（吉田）一戦だった。試合は立ち上がりから主導権を握り、シュート数は何と25―3と圧倒した。だが、0―0のまま、PK戦に突入した。ここで、GK中原幸司（元J清水スタッフ）が踏ん張った。前半、あごを強打し、前歯を折っていたが、気迫のセービングを披露、3―2で競り勝った。

準決勝は平沢が2点をたたき出して、市船橋（千葉）を2―1で倒した。決勝は1年前にV争いを演じた国見（長崎）との再戦となった。前半は雪辱に燃える国見に押し込まれ、22分に先制点を許した。しかし、後半は猛追、際どいシュートを連発した。ゴールは遠く、0―1で押し切られた。

初出場初優勝から1年。V2の夢は消え、「連覇の難しさを実感した」と吉田。沢登は「無念だったが、全力を出し切っていた」と振り返った。

1987年度全国選手権準々決勝。PK戦で帝京を下し、GK中原（左端）のもとに駆け寄る＝大宮サッカー場

⑥ 東海大一

地元総体 延長の末準V

冬の選手権で初陣の1986年度にいきなり優勝し、翌1987年度も準Vと、一気に全国区の存在となった東海大一は、夏の総体では1988年度に初の代表権を獲得する。

県予選は準々決勝で浜松西、準決勝で清水商をともに2-1で退け、決勝は藤枝東と対戦。終了間際に決勝点を奪い、1-0で競り勝った。

初めて臨んだ総体本番。1回戦で顔を合わせたのは松江東(島根)。7カ月前の選手権初戦(2回戦)で、8-0と大勝した相手だった。

当然のように、再び圧勝の声が掛かった。ところが、前半7、8分に立て続けに失点。立て直しを試みたがペースをつかみきれず、0-2でよもやの初戦敗退となった。「プレーが途切れ、流れにならなかった」。監督の望月は、試合後こう分析した。

対戦した松江東は、冬に大敗したとあって、実に現実的な目標を掲げ試合に臨んでいた。MFで出場した石倉利英(スポーツライター)によると、目標は「5点以内に抑え、1点を取ること」だったといい、地元紙の山陰中央新報は"大金星"を大々的に報じた。

3年後の1991年度(平成3)の総体は本県が舞台だった。開催県には2つの参加枠が与えられ、県予選2位の東海大一は1位の清水東とともに出場権を獲得した。

1991年度全国総体 決勝先発メンバー		
GK	瀬太	形田 崇治
DF	白服	恒博年 井部山 幸宏兵 治丈志 悦潤
MF	小持中伊	杉 谷山村東下 勝宣大輝 良
FW		岩松 原 香

212

しずおかの高校サッカー　東海大一 ⑥
戦後の球跡

1991年度全国総体。準決勝で四日市中央工に競り勝ち、決勝進出に安どの表情がにじむ＝日本平球技場

東海大一は強豪ぞろいのゾーンに入り、「厳しかった」とセンターバックを務めた服部年宏（J岐阜）が実現した。3回戦は武南（埼玉）、準々決勝は国見（長崎）を倒し、準決勝は伊東輝悦（J甲府）の決勝弾で四日市中央工（三重）との接戦を制し、決勝に進出した。

清水東も順当に勝ち上がり、県勢同士のV決戦が実現した。最高の盛り上がりの中、東海大一は前半17分、主将・岩下潤（J清水スタッフ）の一撃で先制した。しかし、前半終了2分前に同点シュートを許した。

緊迫した攻防は1－1のまま延長へ突入。だが、延長前半に決勝点を奪われ、惜敗した。あと一歩で地元Vを逃し、岩下は「追い付かれ、ハーフタイムに下を向く選手が目立った」ことをよく覚えているという。

1999年度、兄弟校の東海大工との統合によって、東海大一としての歩みに終止符が打たれたが、同時に「東海大翔洋」が誕生。新生・東海大翔洋は2008年度に総体予選を勝ち抜き、初出場した総体本番は3回戦に進出した。監督を務めた賤機徳彦（神奈川・桐蔭学園コーチ）の「勢いに乗ると、すごい力を発揮した」との言葉が戦いぶりを象徴するチームだった。

213

磐田東 ①

創部7年で県総体4強

　1977年度（昭和52）度の選手権予選を浜名が突破したのを最後に、西部勢は全国の舞台から遠ざかっていた。そんな西部に、新たな全国出場校が生まれる。磐田東高で、創部21年後に夢を実現させた。

　サッカー部が産声を上げたのは1984年度。女子校だったが、共学化に踏み切ったのを機に誕生した。男子は1クラス47人で、このうち、31人がサッカー部の門をたたいた。ただ、中学校での経験者は7人、レギュラークラスとなると2、3人にすぎなかった。

　監督は浜名OBの宮司佳則。浜名が1977年度の選手権に出場した時の主将で、大体大を経て初代監督に就任した。

　宮司の指揮の下、チームは始動した。しかし、ゼロからのスタートとあって、「グラウンドをならすトンボづくりから始めた」と、主力組の一人だった山内敦史（上村不動産）。

　始動から5カ月後、秋の選手権予選に挑んだが、力不足は否めず、静清工（現・静清）に1―6で敗れ、1回戦で敗退した。しかし、2年目の1985年度は1回戦を突破、1986年度には1次トーナメントを勝ち抜き、リーグ戦に進出した。リーグ戦はブロック3位にとどまったが、西部のリーダー格である浜名に競り勝った。

　山内、高尾忠（ニュージーランド在住）ら1期

1990年度総体県予選 準決勝先発メンバー

GK	高城	幸雄之
	山阪	宣和二
DF	松尾	俊次
	河合	俊支
	竹林	英晶之
		拓樹
MF	増田	沢康由
	小木	政直
	鈴木	村憲
FW	鈴中	木田
	寺	

214

しずおかの高校サッカー 戦後の球跡
磐田東 ①

生が引退し、新チームで臨んだ1987年2月の新人大会で4強入り。宮司は就任時、「3年目で県ベスト4」の目標を掲げたといい、その目標にほぼ即した速度で成長を続けた。

こうして迎えた創部7年目の1990年度（平成2）。総体予選で準決勝に勝ち上がった。相手は清水商で、後半のロスタイムに決勝点を奪われ、0ー1で敗れた。だが、後半5分の逸機が勝敗を大きく左右した。

ゴール前で寺田憲由（ヤマハ発動機）から小沢晶（小沢電業所）に絶妙なパスが渡った。「余裕があった」ため一瞬、タイミングが遅れ、相手DFのクリアに遭った。「いつものように思い切り打っていれば」との思いは、小沢の脳裏から今も消えない。

この年度の清水商は傑出した力を擁し、県を勝ち抜くと、全国総体でも頂点に立った。その清水商と接戦を演じ、宮司は「全国への道がついた」と手応えを感じ取った。しかし、選手権予選は決勝トーナメントに進みながら、1回戦で藤枝東に1ー2で屈し、全国への道の険しさを痛感する。

誕生2年目、1985年度のメンバー

② 磐田東

中部の壁崩し県初制覇

2000年度を迎え、磐田東は新指揮官の下でシーズンインした。創部から16年間、チームを率い、基盤づくりをした宮司佳則に代わって、山田智章が新監督の座に就いたのだ。体育担当の宮司に対し、山田の専門教科は社会科だが、JSL時代の本田技研とPJMでプレーした経験を持っていた。

新指揮官が目指したのは「中部に勝つこと」だった。山田は清水商OBであり、中部の壁の厚さを熟知していた。

2002年2月、新人大会で決勝に勝ち上がった。創部以来初めて経験する県大会決勝。相手は静岡学園で、後半、失点して0－2で敗れた。だが、1回戦で清水商、2回戦で藤枝明誠と中部勢を連破しての決勝進出だった。

"打倒中部"の目標を達成し、初めて全国への道を切り開いたのは、2005年度の総体予選だった。

初戦（2回戦）で静岡西、3回戦で静岡北を退け、準々決勝で暁秀を下すと、準決勝は静岡学園と対戦。前半11分に寺田隼（静岡中央銀行）が決勝点を奪い、1－0で競り勝った。

決勝の相手は清水商だった。後半、押し込まれたが、GK豊瀬允大（藤枝MYFC）を軸に堅守で跳ね返し、0－0の21分、西岡竜兵（本田技研）がPKをがっちり決め、決勝点をもぎ取った。準々

2005年度総体県予選決勝先発メンバー

GK	豊瀬 允大
DF	大幸也 弘也 兵吾 一隼行介 栗田 木野辺 鈴岡田 尾田 浦岸 下下
MF	西和中寺 竜新正 岡田尾田 秀健
FW	山山

216

しずおかの高校サッカー 戦後の球跡　磐田東②

2005年度総体県予選決勝。清水商を相手に決勝点をもぎ取り、喜びの表情＝エコパスタジアム

決勝の暁秀を除けば、相手は全て中部勢。分厚い中部の壁を突き破って、全国へ名乗りを上げた。

初の県制覇に重要な役割を果たしたのは、総体予選を前に開幕した昇格1年目のプリンスリーグだった。

予選までに4試合をこなし1勝3分け。2戦目では磐田ユースを2-0で破った。山田は「強豪相手に負けなしのまま、総体に臨むことができたことは大きかった」と振り返る。プリンスリーグで自信をつかんだチームは、ひと回り成長、「負ける気はしなかった」と中盤を支えた和田新吾（静岡産大）。

総体本番は千葉県で行われ、1回戦で鵬翔（宮崎）と顔を合わせた。前半10分に先制しながら、逆転を許し1-2で迎えた後半25分、和田のヘディングシュートで追い付いた。しかし、残り2分に失点し、2-3で姿を消した。

得点源の山下健介（NSKワーナー）がけがで戦線離脱。エースの欠場は痛かったが、「相手の方が運動量で上回った」と主将の寺田。指揮官は「完敗だった」と総括した。

打倒中部は達成したが、全国の壁に跳ね返され、直後から磐田東の新たな挑戦が始まった。

常葉橘 ①

猛練習で県16強常連に

1960年代、東海大一、自動車工（現・静岡北）、静岡学園といった中部の私学校にサッカー部が誕生する。こうした流れは1970年代に入っても受け継がれ、常葉橘が全国への歩みを開始する。

1970年（昭和45）のカレンダーもだいぶ、薄くなったころだった。半場祐司（府中屋紙器）、小野田正（石川建設）ら1年生ばかり14、15人が、グラウンドの片隅でボールを蹴り始めた。これが常葉橘サッカー部の"キックオフ"である。

火付け役は半場。藤枝中出身の半場は、入学してサッカー部がないことを知り、ボールを蹴りたいとの思いが募った。そこで、小野田ら同じ藤枝通学組とともに行動を起こし、何とかキックオフにこぎつけた。

同好の士でボールを蹴り始めてから1年半後の1972年春、野島年広（現・常葉菊川コーチ）が新任体育教師として赴任した。川根一日体大で選手生活を続けた野島は監督に就任。同時に、サッカー部は同好会から部に昇格、活動も本格化した。

しかし、練習場は変わらずグラウンドの片隅。ここで基本技の反復やミニゲームに汗を流した。まもなく、トラック内側のフィールド部分の使用許可が出た。といっても、ラグビー部との共用のため使えるのはフィールド半分。そこで、野島は朝練を始めた。「朝なら全面使えるから」と。

1978年度選手権予選リーグ戦進出先発メンバー

GK	清水	晃彦
	永田	則二
DF	遠藤	雅昭
	吉生	重昭
	池ノ磯	藤嘉
MF	佐大	谷通
	池蒔	藤郁
FW		石剛
		田
		田

218

しずおかの高校サッカー　戦後の球跡　常葉橘①

野島が指揮を執り出して7年目の1978年度。選手権予選で第4シード4校の一つに選ばれた。県私学大会で静岡学園を破ったことが評価されたからだった。初のシード校として臨んだ大会は、1次トーナメントを突破し、ベスト16で競うリーグ戦に初めて進出した。

結果はブロック最下位だった。だが、大会前の県外遠征で、児玉（埼玉）など強豪と対等に渡り合い、中盤で活躍した磯谷仁（きのいい羊達代表）はチームの成長ぶりを肌で感じ取っていた。

選手集めはすることなく、「入ってきた人間で戦う。そんな環境にあった」と野島。ために、年度によって選手層にばらつきがあり、継続したチームづくりは困難だったという。

それでも、1980年度からは4年連続、選手権予選でベスト16入りし、リーグ戦に進出した。いずれもブロック最下位に終わったが、1981年度には夏の全国総体優勝の清水東と接戦を演じた。

チームを支えたのは厳しい練習だった。野島は「朝練はもちろん、午後は9時近くまで、よくついてきてくれた」と実感を込めた。

同好会から部に昇格した当時のメンバー

219

② 常葉橘

堅守武器に初の県制覇

部昇格からチームを率いてきた野島年広が、1990年度の系列校の常葉菊川に転出。その後、目立った戦績を残せないでいた常葉橘は、2002年度、新監督に長沢和明（浜松大監督）を迎えた。

長沢は元日本代表MF。引退後はジュビロ磐田の初代監督を務めたり、JFLの本田技研、ソニー仙台の指揮を執ったりした実績があった。この長沢の下、上昇に転ずる。

中学部の充実も大きかった。元日本代表FWの吉田弘（日本サッカー協会）を招いて、中学部の強化に踏み切ったことで、中高の連携が可能になった。

長沢体制3年目の2004年度。中学部出身者が主軸になってきたチームは、オール1、2年生ながら、選手権予選で初めて決勝トーナメントに名乗りを上げたばかりか、決勝まで勝ち上がった。

ここで気を吐いたのは志摩竜也（佐川印刷）。1回戦の磐田東から準々決勝の清水商、準決勝の聖隷まで全得点をたたき出し、決勝進出の原動力になった。

決勝は藤枝東と対戦した。前半、攻勢に出た決勝は藤枝東と対戦した。前半、攻勢に出たが攻め切れず、後半7分に先制点をもぎ取られて0－1で惜敗した。

翌2005年度の選手権予選は、前年度からの経験者で固めた布陣で臨み、2年連続、決勝

2005年度全国選手権 県予選決勝先発メンバー		
GK	羽根田	侑樹
DF	平川	淳志
	薗田	和翔
	内田	新恒
	上野	勇竜
MF	夏目	勇竜
	天藤	摩亦
	内本	祐
	志杉	真樹
FW	杉勝	

220

しずおかの高校サッカー　常葉橘②
戦後の球跡

2005年度全国選手権県予選決勝。初の全国行きに表情がはじける＝エコパスタジアム

に駒を進めた。V決戦は復活に燃える浜名と顔を合わせた。試合は緊迫した展開で進んだが、0―0の後半38分、天野恒太（SC相模原）が決勝ヘッドを決め、初の全国出場権を獲得した。

チームを支えたのは堅守だった。内田和志（藤枝MYFC）、薗田淳（J町田）のセンターバックを中心に、リーグ戦からの6試合を失点1で乗り切った。内田は「1年前、悔しさを味わったので、どうしても勝ちたかった」という。

同好会で産声を上げてから35年、初めて全国のピッチに立った。初戦の相手は全日本ユース4強の滝川二（兵庫）だった。森島康仁（J大分）らの攻撃力が売りのチームを相手に、短いタッチからサイドを崩し、シュート数は上回った。だが、決定力で及ばず0―2の敗戦。主将の天野は試合後、「相手は球際で厳しかった」と無念の戦いを振り返った。

「（最後まで）行くつもりだった」と全国初采配の長沢。しかし「初めてだったので、全国がどんなものかよく分からなかった」と述懐する。

2008年度も選手権予選で決勝に進出した。全国を目指した挑戦は続く。

221

藤枝明誠 ①

新人戦 接戦の末両校Ⅴ

　1983年度（昭和58）、藤枝明誠が開校した。同時に活動を開始したサッカー部が26年後、選手権予選を突破して全国へ名乗りを上げる。

　1期生の浦田敏己（静岡産大男子コーチ）は大学卒業後、母校に戻って監督に就任、選手権予選のリーグ戦進出を目標に、チームを率いた。「リーグ戦に進むことは、当時のステータス」（浦田）であり、基盤づくりに取り組むチームにとっては、足元を見据えた目標だった。

　1996年度（平成8）、指揮官が浦田から田村和彦（藤枝市在住）に代わった。母体となる学校法人藤枝学園の現・理事長、仲田晃弘（藤枝市在住）がサッカー部強化の方向性を示し、藤枝市内などの中学校で指導実績がある田村を新指揮官として迎え入れた。

　藤枝の高校サッカーといえば、藤枝東に代表される。だが、仲田は地域全体を盛り上げるには対立軸が必要と受け止め、「藤枝東とは異なるサッカー」を求めて強化に踏み出した。

　新たに采配を振る田村の下、選手権予選で創部から目指してきたリーグ戦に初進出。翌1997年度にはリーグ戦も突破して、決勝トーナメントに駒を進めた。

　1999年2月、田村体制4年目を迎えるチームが県新人大会で快進撃をみせた。浜松江之島、韮山、静岡北、吉原を連破し、決勝に進出

1999年2月県新人大会決勝先発メンバー

GK	人祥之輔
DF	公正崇大 宏浩俊之明 池島月月 和禎 朋克祐介 小村望望 山岡辺石橋田隼人
MF	横山渡大高萩田中
FW	

222

しずおかの高校サッカー　藤枝明誠 ①
戦後の球跡

監督就任時、田村が掲げたという「5年でベスト8、10年でベスト4」の目安を、はるかに上回る成長ぶりをみせたのだった。

決勝は静岡学園と対戦、全国での実績十分の静岡学園を相手に接戦を演じた。1—1の延長後半7分、勝ち越し点を奪われたが、その直後に渡辺俊（矢崎計器）が同点弾をたたき込み、2—2で優勝を分け合った。両校優勝とはいえ、初めて県を制したことは「ターニングポイントになった」と田村は振り返る。

2000年度（平成12）には総体、選手権予選ともベスト4入りするなど、毎年度、全国行きを懸けた戦いの場で着実に実績を積み上げた。

もう一つ、田村が目指したのは東海プリンスリーグだった。高校勢だけでなく、磐田、清水、名古屋のJユースと同じ土俵で競い合いたい—と。2006年度、念願のプリンスリーグ昇格を決め、また一歩前進する。清水商、清水東、暁秀、東海大翔洋との先陣争いを制し、県ユースリーグ

で優勝。2007年度から2部ながらプリンスリーグに参戦することになった。

1999年2月の県新人大会決勝。静岡学園と激しい攻防の末、優勝を分け合う＝県営浜松球技場

223

② 藤枝明誠

初の選手権 堂々の8強

　プリンスリーグ1年目の2007年度、藤枝明誠は2部を制して、1部昇格を決めた。直後に選手権予選が始まると、1シーズンで2部を通過した勢いをそのままぶつけ、決勝に初名乗りを上げた。

　決勝の相手は藤枝東だった。藤枝ダービーに会場のエコパスタジアムは沸いた。だが、V決戦特有のムードに対応し切れないまま、前半に3失点。後半、後藤純一（藤枝市役所）のゴールなどで追い上げたが、最後は1―4で突き放された。

　無念の涙を流した。しかし、優勝を懸けた戦いの場に立った経験は、チームにとって貴重な財産となっていた。

　2年後の2009年度、選手権予選で決勝に駒を進めた。再び挑むV決戦だったが、もう気遅れする姿はなかった。

　相手は清水商。総体予選準決勝で顔を合わせ、1―3で敗れたが、今度は主導権を握り続けた。前半34分に鈴木周太（愛院大）、後半開始直後に原口祐次郎（関学大）が決めて2―0で夏の借りを返し、初の全国行きを決めた。創部27年目の悲願達成だった。

　初めて踏む全国舞台だが、主将で中盤の要の小川哲生（愛学大）がけがで戦列を離れた。「悔しかった」という小川だが、副将の辻俊行（関大）にキャプテンマークを託し、裏方に徹した。

2009年度全国選手権県予選決勝先発メンバー

GK	真 也 史 土 生 行 透 真 浩 賢 勇 郎 斐 本 田 原 木 次 山 増 原 木 川 介
DF	甲 山 増 藤 八 小 辻 原 鈴 俊 祐 周 和 原 鈴 木 山 大 大 安
MF	
FW	

224

しずおかの高校サッカー　藤枝明誠 ②
戦後の球跡

2009年度全国選手権県予選決勝。初Vに喜びを爆発させる＝エコパスタジアム

1回戦の徳島商（徳島）戦は押し込みながらも決め切れず、1ー1でPK戦に突入した。ここで奮闘したのがGK甲斐透真（東海学園大）。「止めればヒーロー」と迎え撃ち、見事2本を止めて勝利を呼び込んだ。

2回戦は国見（長崎）と対戦、飯塚祐樹（日大）大山和早（四日市大）が2点ずつを奪って、4ー1で完勝した。6度優勝の強豪を寄せ付けなかったあって、監督の田村和彦（藤枝市在住）も「ベストゲーム」と評価した。

3回戦は岐阜工（岐阜）の堅守に苦しんだものの、DF増田浩史（米国留学）のヘッドシュートでこじ開け、1ー0で競り勝った。しかし、準々決勝は関大一（大阪）に1ー4で屈した。豪快なロングシュートで唯一の得点をマークした辻だが、「思った以上に動けなかった」という。

準決勝からは国立競技場が戦いの場。その国立のピッチに立てなかったが、初めて臨んだ全国舞台で4試合の実戦経験を積んだ。試合後、指揮官はこう口にした。「4試合の貴重な経験は、自信と課題を与えてくれた」と、あらためて全国に挑むメッセージでもあった。

225

		《高校選手権》								《国　体》	
1950	①	静岡城内	1-0	国泰寺		準々	藤枝東	1-0	京都商	1948	①	浜松一	1-1	伊賀上野
	準々	〃	0-1	高知農		準決	〃	2-0	大分工			(抽選勝ち)
55	①	藤枝東	2-1	関　西		決	〃	3-0	浦和南		準決	〃	0-3	広島高師付
	②	〃	2-3	韮　崎	68	①	藤枝東	0-1	宇都宮学園		3決	〃	2-0	仙台一
56	②	藤枝東	4-0	富山中部	69	①	藤枝東	1-0	高知農	50	①	浜松西	1-0	修　道
	準々	〃	5-0	上野商工		②	〃	4-2	宇都宮工	53	①	藤枝東	1-0	多々良学園
	準決	〃	1-2	日立一		準々	〃	2-0	新島学園		②	〃	0-3	浦　和
57	②	藤枝東	6-0	鹿児島商		準決	〃	0-2	浦和南	55	①	藤枝東	1-0	松山工
	準々	〃	2-3	刈　谷		3決	〃	4-2	韮　崎		②	〃	2-2	神　戸
58	①	藤枝東	2-0	延岡向洋								(抽選負け)
	②	〃	4-0	宇和島東						56	①	藤枝東	4-1	秋　田
	準々	〃	東教大付								②	〃	2-0	山　城
59	①	藤枝東	2-1	島原商							準々	〃	1-0	神　戸
	②	〃	2-1	日　川							準決	〃	3-0	遠　野
	準々	〃	2-0	熱　田							決	〃	0-1	修　道
	準決	〃	0-1	明　星						57	①	藤枝東	3-0	福井農林
60	①	藤枝東	7-0	延岡向洋							②	〃	2-0	山　城
	②	〃	4-1	明　星							準々	〃	1-0	徳島商
	準々	〃	2-1	島原商							準決	〃	3-1	関西学院
	準決	〃	0-3	浦和市立							決	〃	3-2	山　陽
61	①	藤枝東	2-3	甲　賀						58	①	清水東	5-1	甲　賀
62	①	藤枝東	5-0	徳島商							②	〃	1-0	日立一
	②	〃	6-0	松山北							準々	〃	3-2	秋田商
	準々	〃	3-1	韮　崎							準決	〃	2-0	館　林
	準決	〃	3-1	明　星							決	〃	2-1	山　陽
	決	〃	1-0	浦和市立						59	①	藤枝東	1-0	甲　賀
63	①	藤枝東	2-1	佐　川							②	〃	4-0	盛　岡
	②	〃	2-1	中津商							準々	〃	3-1	島原商
	準々	〃	2-0	西目農							準決	〃	1-1	浦和市立
	準決	〃	1-0	豊田西								(抽選負け)
	決	〃	2-0	明　星							3決	〃	3-1	宇都宮工
64	①	藤枝東	1-0	上野工						60	①	清水東	4-1	富山北
	②	〃	1-0	関西学院							②	〃	0-4	遠　野
	準々	〃	2-2	鎌倉学園						61	②	藤枝東	10-0	群　馬
		(抽選負け)									準々	〃	4-2	宮城工
65	①	藤枝北	5-0	新宮商							準決	〃	0-3	修　道
	②	〃	2-4	新島学園							3決	〃	0-1	秋田商
66	①	藤枝東	6-0	山　田						62	①	藤枝東	11-0	富山一
	準々	〃	8-0	広大付							②	〃	4-1	中津東
	準決	〃	2-1	神　戸							準々	〃	3-1	京都商
	決	〃	0-0	秋田商							準決	〃	0-0	浦和市立
		(両校V)										(抽選負け)
68	①	藤枝東	5-3	島原工							3決	〃	2-3	山　陽
	準々	〃	0-5	遠　野						63	①	藤枝東	2-1	仙台育英
69	①	藤枝東	6-0	美唄工							②	〃	3-2	宇都宮工
	準々	〃	0-1	初　芝							準々	〃	5-0	小野田工
70	①	藤枝東	3-0	鹿児島工							準決	〃	1-2	浦和市立
	準々	〃	4-1	帝　京							3決	〃	2-1	山　城
	準決	〃	2-1	初　芝						64	①	藤枝東	4-0	津山工
	決	〃	3-1	浜　名							②	〃	4-1	宇都宮学園
	①	浜　名	2-0	広大付							準々	〃	1-0	仙台育英
	準々	〃	3-1	徳島商							準決	〃	1-0	広島市商
	準決	〃	1-0	浦和南								(抽選勝ち)
	決	〃	1-3	藤枝東							決	〃	0-2	明　星
71	②	清水商	2-0	松本県ケ丘						65	①	静岡工	1-2	水戸商
	準々	〃	4-0	報徳学園						66	①	藤枝東	7-0	高知商
	準決	〃	1-2	壬生川工							②	〃	4-2	盛岡商

226

年						年						年					
	準決	静岡学園	1−1	桐光学園			準決	清水商	1−0	宇都宮学園			3決	清水商	0−3	帝　京
			(PK2−4)				決	〃	2−0	四日市中央工		72	②	藤枝東	2−0	嵯峨野
97	②	藤枝東	5−0	高　知		86	②	東海大一	3−0	徳島商			準々	〃	3−1	福岡商
	③	〃	5−1	国学院栃木			③	〃	3−0	大宮東			準決	〃	2−1	関西大倉
	準々	〃	3−1	岐阜工			準々	〃	3−0	高　知			決	〃	1−2	浦和市立
	準決	〃	0−2	帝　京			準決	〃	3−0	秋田商		73	②	藤枝東	4−1	甲　賀
98	②	清水商	3−0	高松商			決	〃	2−0	国　見			③	〃	4−0	東予工
	③	〃	2−4	滝川二		87	②	東海大一	8−0	松江東			準決	〃	2−0	四日市中央工
99	②	静岡学園	2−0	佐賀北			③	〃	1−0	佐野日大			決	〃	1−2	北　陽
	③	〃	3−1	奈良育英			準々	〃	0−0	帝　京		74	②	清水商	3−0	水島工
	準決	〃	2−3	前橋育英					(PK3−2)				準々	〃	2−0	新　田
2000	②	清水商	3−0	東海五			準決	〃	2−1	市船橋			準決	〃	2−1	相工大付
	③	〃	0−0	武　南			決	〃	0−1	国見			決	〃	1−3	帝　京
			(PK3−1)			88	②	清水商	3−0	神戸弘陵		75	②	静岡工	2−0	東予工
01	①	静岡学園	3−1	鵬　翔			③	〃	1−0	仙台育英			準決	〃	2−2	韮　崎
	②	〃	5−0	滝川二			準々	〃	0−0	盛岡商					(PK4−2)	
	③	〃	1−3	作　陽					(PK3−1)				準決	〃	3−0	広島工
02	②	静岡学園	1−0	多々良学園			準決	〃	2−1	前橋商			決	〃	1−0	浦和南
			(PK2−3)				決	〃	1−0	市船橋		76	①	静岡学園	6−0	都城工
03	①	藤枝東	1−2	立正大淞南		89	②	清水東	3−0	徳島商			②	〃	5−0	神　戸
04	①	藤枝東	2−1	佐賀東			③	〃	0−1	武　南			③	〃	2−1	古河一
	②	〃	2−0	西武台		90	①	清水商	6−0	佐賀学園			準決	〃	3−0	八幡浜工
	③	〃	0−0	国　見			②	〃	1−1	市船橋			決	〃	4−5	浦和南
			(PK4−5)						(PK7−6)			77	①	浜　名	0−0	北　陽
05	①	常葉橘	0−2	滝川二			③	〃	1−1	大宮東					(PK8−9)	
06	②	静岡学園	3−1	佐賀東					(PK4−3)			78	②	静岡学園	1−0	水島工
	③	〃	1−0	青森山田			①	清水東	2−0	京都学園			準決	〃	0−0	古河一
	準々	〃	2−3	作　陽			②	〃	0−1	旭					(PK4−5)	
07	①	藤枝東	1−1	香川西		91	①	清水商	2−1	洛　南		79	①	藤枝東	0−2	宮崎工
			(PK5−4)				②	〃	2−0	高知農		80	①	清水商	3−1	徳島商
	②	〃	4−1	室蘭大谷			③	〃	1−2	鹿児島実			②	〃	1−1	大分工
	③	〃	2−1	日大藤沢		92	①	静岡学園	1−0	大分工					(PK4−2)	
	準々	〃	2−0	三　鷹			②	〃	2−0	東海大五			準々	〃	3−0	帝　京
	準決	〃	1−0	高川学園			③	〃	2−0	山　陽			準決	〃	1−0	岡城城西
	決	〃	0−4	流通経大柏			準々	〃	2−2	習志野			決	〃	1−2	古河一
08	②	藤枝東	4−0	境					(PK5−6)			81	②	清水商	1−0	天理
	③	〃	2−3	大　津		93	②	清水商	2−0	洛　南			③	〃	1−0	八千代
09	①	藤枝明誠	1−1	徳島商			③	〃	3−0	鵬　翔			準々	〃	2−0	作　陽
			(PK3−2)				準々	〃	3−0	福山葦陽			準決	〃	1−1	韮　崎
	②	〃	4−1	国　見			準決	〃	2−2	鹿児島実		82	①	清水東	3−0	中津工
	③	〃	1−0	岐阜工					(PK5−4)				②	〃	6−0	九州学校
	準々	〃	1−4	関大一			決	〃	2−1	国　見			③	〃	3−0	習志野
10	①	静岡学園	2−0	米子北		94	①	清水商	0−1	奈良育英			準決	〃	1−0	帝　京
	②	〃	2−0	宇和島東		95	①	静岡学園	6−0	東山			決	〃	4−1	韮　崎
	③	〃	0−0	日章学園			②	〃	4−1	前橋商		83	②	清水東	3−1	鹿児島実
			(PK3−4)				③	〃	1−0	富山一			③	〃	1−0	島原商
11	①	清水商	1−0	ルーテル学園					(PK7−6)				準々	〃	9−0	浦和市立
	②	〃	6−0	山　陽			準々	〃	1−1	佐賀商			準決	〃	3−1	四日市中央工
	③	〃	0−3	市船橋			準決	〃	1−1	東福岡			決	〃	0−1	帝　京
									(PK5−4)			84	②	藤枝東	2−0	南宇和
							決	〃	2−2	鹿児島実			③	〃	5−0	高松商
									(両校V)				準々	〃	1−0	新潟工
						96	②	静岡学園	4−3	東山			準決	〃	1−0	島原商
							③	〃	3−0	四日市中央工					(PK3−4)	
							準々	〃	2−2	国見		85	②	清水商	1−0	佐賀学園
									(PK6−5)				③	〃	2−0	鎌　倉
													準々	〃	4−2	五　戸

《高校総体》

	決	清水商	6-2	大宮東		①	静岡工	7-0	砺波工	1966 ②	藤枝東	3-0	関 西
90	②	清水商	4-0	山 城		②	〃	1-2	相工大付	③	〃	4-0	熊 橘
	③	〃	3-0	暁 星	76	①	浜 名	5-0	川 島	準々	〃	2-0	高岡工芸
	準々	〃	6-0	鹿児島実		②	〃	2-1	高崎商	準決	〃	1-0	習志野
	準決	〃	2-0	北 陽		③	〃	1-1	秋田商	決	〃	1-1	浦和市立
	決	〃	2-1	南宇和			(PK7-6)			67	②	藤枝東	1-0	南陽工
91	②	清水東	4-0	境		準々	〃	2-3	韮 崎	③	〃	0-1	韮 崎
	③	〃	7-0	田 辺	77	②	自動車工	4-2	宇都宮工	①	清水東	7-0	新潟東工
	準々	〃	4-1	帝 京		③	〃	1-1	京都商	②	〃	3-0	鴨島商
	準決	〃	2-1	市船橋			(PK4-2)			③	〃	0-1	浦和市立
	決	〃	2-1	東海大一		③	〃	0-1	島原商	68	①	藤枝東	5-1	岩見沢東
	①	東海大一	1-1	水口東	78	②	藤枝東	1-0	矢板東	②	〃	1-0	初 芝
		(PK4-3)					(PK5-4)			69	①	清水商	4-1	福島工
	②	〃	5-0	大 社		③	〃	1-0	佐賀商	②	〃	8-2	宮崎商
	③	〃	3-1	武 南			(PK0-2)			③	〃	3-0	相工大付
	準々	〃	3-0	国 見	79	①	清水商	4-0	松 江	準々	〃	2-1	茨 木
	準決	〃	2-1	四日市中央工		②	〃	8-0	鎮 西	準決	〃	6-0	宇都宮学園
	決	〃	1-2	清水東		③	〃	1-0	習志野	決	〃	2-4	浦和南
92	②	清水東	5-0	奈良育英		準々	〃	0-1	帝 京	70	②	浜 名	2-0	相模台工
	③	〃	7-3	七里ケ浜	80	①	清水東	2-0	八千代	③	〃	1-0	本 郷
	準々	〃	2-0	仙台育英		②	〃	4-2	高槻南	準々	〃	3-2	浦和市立
	準決	〃	1-1	徳島市立		③	〃	3-0	宮城県工	準決	〃	1-0	広島市商
		(PK3-4)				準々	〃	4-2	韮 崎	決	〃	1-0	浦和南
93	②	清水商	4-0	米子工		準決	〃	4-0	水戸商	71	②	浜 名	2-1	六 甲
	③	〃	5-1	韮 崎		決	〃	2-1	今 市	③	〃	1-1	韮 崎
	準々	〃	4-0	真 岡	81	②	清水東	2-0	武 南	準々	〃	1-2	初 芝
	準決	〃	1-4	鹿児島実		③	〃	3-0	本 郷	①	藤枝東	6-0	室蘭大谷
94	②	清水商	3-2	前橋商		準々	〃	3-0	八千代	②	〃	2-0	大分上野丘
	③	〃	4-1	市船橋		準決	〃	3-0	韮 崎	③	〃	1-0	新島学園
	準々	〃	5-1	室蘭大谷		決	〃	3-1	室蘭大谷	準々	〃	2-0	秋田商
	準決	〃	4-0	広島皆実	82	②	藤枝東	1-0	矢板東	準決	〃	2-1	浦和市立
	決	〃	1-0	帝 京		③	〃	1-0	京都商	決	〃	2-0	広島工
95	決	清水商	0-1	市船橋			(PK4-5)			72	②	藤枝東	7-1	宮城県工
96	①	清水商	1-0	宇山北	83	①	清水商	4-1	盛岡商	③	〃	3-0	松本県ケ丘
	②	〃	3-1	大船渡		②	〃	1-0	前橋商	準々	〃	3-0	室蘭大谷
	③	〃	5-1	鎮西学院		③	〃	1-0	宇 山	準決	〃	2-3	秋田商
	準々	〃	3-0	市船橋		準々	〃	3-1	真 岡	①	清水東	12-0	敦 賀
	準決	〃	2-1	韮 崎		準決	〃	3-3	四日市中央工	②	〃	3-1	向の岡工
	決	〃	3-1	帝 京			(PK3-4)			③	〃	2-0	帝 京
97	①	清水商	1-1	浦和学院	84	②	清水東	1-0	桐 朋	準々	〃	1-1	広島市商
	②	〃	2-5	市船橋		③	〃	2-3	広島工		(抽選勝ち)		
98	①	藤枝東	1-1	遠 野	85	②	静岡北	2-2	国 見	準決	〃	2-1	児 玉
		(PK2-4)					(PK7-6)			決	〃	2-1	秋田商
99	①	浜 名	4-0	富山一		③	〃	1-1	八千代	73	②	清水東	2-1	清 風
	②	〃	1-1	国 見			(PK4-5)			③	〃	2-1	本 郷
		(PK3-5)			86	①	清水東	1-0	宮崎商	準々	〃	1-0	山 城
	③	〃	1-3	日大藤沢		②	〃	0-1	室蘭大谷	準決	〃	2-0	児 玉
2000	①	清水商	5-1	鹿児島実	87	①	清水商	2-1	九州学院	②	自動車工	5-0	金沢桜丘
	②	〃	1-0	武 南		②	〃	4-0	山 城	③	〃	1-2	遠 野
	③	〃	3-4	滝二二		③	〃	5-0	作 陽	74	②	浜 名	3-1	矢板東
	準々	〃	2-4	国 見		準々	〃	1-3	帝 京	③	〃	2-0	鹿児島商
01	②	藤枝東	3-2	東福岡	88	②	東海大一	0-2	松江東	準々	〃	1-0	古河一
	③	〃	7-0	佐野日大	89	①	清水商	2-0	秋田経大付	準決	〃	2-1	北 陽
	準々	〃	0-0	習志野		②	〃	1-0	習志野	決	〃	1-0	児 玉
		(PK8-7)				③	〃	2-0	宮崎工	75	②	浜 名	3-0	能登川
	準決	〃	1-1	鹿児島実		準々	〃	2-0	高槻南	③	〃	2-1	福岡商
		(PK4-2)				準決	〃	2-0	南宇和	準々	〃	1-2	韮 崎

228

《全日本ユース》

	①	静岡学園	0-1	京都ユース	
02	①	清水ユース	0-1	仙台育英高	
03	①	静岡学園	2-0	鵬翔高	
	準決	〃	1-0	広島ユース	
	決	〃	0-1	市船橋高	
	①	清水ユース	1-3	東福岡高	
04	①	磐田ユース	5-3	G大阪ユース	
	準決	〃	1-0	鹿児島実高	
	決	〃	0-1	広島ユース	
	（藤枝東、清水ユースは				
	1次ラウンド敗退）				
05	①	静岡学園	0-0	広島観音高	
	（PK4-5）				
	（浜名は1次ラウンド敗退）				
06	①	静岡学園	1-3	初芝橋本高	
07	①	静岡学園	0-1	広島皆実	
	①	磐田ユース	1-2	流通経大柏高	
08	①	磐田ユース	1-3	名古屋U-18	
	（静岡学園高は1次ラウンド敗退）				
09	①	藤枝明誠	2-1	大阪桐蔭高	
	準々	〃	0-2	広島ユース	
	①	磐田ユース	3-0	青森山田高	
	準々	〃	3-0	F東京U-18	
	準決	〃	2-2	広島ユース	
	（PK5-4）				
	決	〃	1-7	横浜Mユース	
	（静岡学園は1次ラウンド敗退）				
10	①	静岡学園	1-0	名古屋U-18	
	準々	〃	2-1	横浜Mユース	
	準決	〃	2-4	広島ユース	
	①	清水ユース	4-1	立正大淞南高	
	〃	1-4	三菱養和ユース		
	（磐田ユースは1次ラウンド敗退）				
11	プレミアムリーグ東地区で				
	清水ユース3位、静岡学園7位				

90	①	清水商	2-0	山口高
	準々	〃	10-0	交野ユース
	準決	〃	5-3	国見高
	決	〃	2-0	習志野高
91	①	清水東	0-2	武南高
	①	東海大一	0-0	国見高
	（PK4-5）			
92	①	藤枝東	5-0	ヤンマーユース
	準々	〃	2-1	北陽高
	準決	〃	4-2	桐蔭学園高
	決	〃	3-1	読売ユース
93	①	清水商	0-0	帝京高
	〃	3-0	室蘭大谷高	
	準々	〃	6-2	富山一高
	決	〃	1-0	鹿児島実高
	①	藤枝東	3-0	奈良育英高
	準々	〃	2-0	武南高
94	①	清水商	5-3	鹿児島実高
	準々	〃	4-0	G大阪ユース
	準決	〃	5-2	習志野高
	決	〃	3-1	読売ユース
95	①	清水商	10-1	松本深志高
	〃	7-1	横浜Fユース	
	準々	〃	4-2	市船橋高
	決	〃	5-0	横浜Mユース
96	①	清水商	3-0	金光一高
	〃	2-0	読売ユース	
	準々	〃	2-3	鹿児島実高
97	①	清水商	3-2	大船渡高
	準々	〃	6-2	滝川二高
	準決	〃	2-0	南宇和高
	決	〃	1-4	東福岡高
98	①	藤枝東	2-0	遠野高
	準々	〃	2-0	市原ユース
	準決	〃	4-3	帝京高
	決	〃	3-2	G大阪ユース
	①	磐田ユース	1-2	草津東高
99	①	静岡学園	1-6	市船橋高
	①	浜名	1-1	浦和ユース
	（PK4-5）			
	①	清水ユース	3-0	熊本国府高
	準々	〃	0-0	市船橋高
	（PK3-2）			
	準決	〃	1-2	平塚ユース
	①	磐田ユース	4-0	高松商高
	準々	〃	1-1	浦和ユース
	（PK7-6）			
	準決	〃	1-2	京都ユース
	決	〃	4-1	平塚ユース
2000	①	清水商	4-1	秋田商高
	準々	〃	1-0	柏ユース
	準決	〃	1-1	横浜Mユース
	（PK4-3）			
	決	〃	3-2	前橋商高
01	①	清水ユース	4-0	仙台育英高
	準々	〃	0-0	京都ユース
	（PK3-4）			

	決	藤枝東	0-3	市船橋	
02	②	清水商	5-1	国士館	
	(火)	〃	5-4	玉野光南	
	準々	〃	1-1	渋谷幕張	
	（PK4-3）				
	準決	〃	2-5	国見	
03	②	藤枝東	4-0	大宮東	
	③	〃	0-1	東邦	
04	①	藤枝東	1-1	前橋育英	
	（PK3-4）				
05	①	磐田東	2-3	鵬翔	
06	①	浜名	1-1	前橋商	
	（PK9-8）				
	②	〃	3-3	大分情報科学	
	（PK4-5）				
07	①	藤枝東	3-0	長野日大	
	②	〃	2-1	境	
	③	〃	1-1	流通経大柏	
08	①	東海大翔洋	3-1	丸岡	
	②	〃	1-0	正智深谷	
	③	〃	1-2	大分鶴崎	
09	①	清水商	6-1	富岡	
	②	〃	1-4	前橋育英	
10	①	静岡学園	5-0	札幌一	
	②	〃	2-0	鹿児島城西	
	③	〃	0-1	桐光学園	
11	①	静岡学園	4-0	東京都市大塩尻	
	②	〃	1-1	滝川二	
	（PK4-2）				
	③	〃	4-0	長崎海星	
	準々	〃	0-0	大阪桐蔭	
	（PK5-4）				
	準決	〃	2-1	流通経大柏	
	決	〃	1-2	桐蔭学園	

あとがき

「静岡を制するものは日本を制す」とさえいわれた。そんな時代もあった静岡県の高校サッカー。過去の歩みをたどってみると、静岡県の高校サッカーは確かに輝いていた。選手権10回、総体12回、国体23回、全日本ユース（U—18）8回。静岡県勢の高校生年代の4大タイトル獲得数である。いずれも群を抜き、静岡県の高校サッカーの勲章でもある。

しかし、選手権は1995年（平成7年）度、総体は1996年度、全日本ユースは2000年度を最後に金メダルから遠ざかっている。国体は2011年度、7年ぶりに頂点に立ったが、千葉との両県優勝だった。サッカーの他県への浸透ぶりはめざましい。となると、静岡県の高校サッカーが右肩下がりなのは自明の理、と受け止めるべきなのだろうか。

いや、待てーと思う。かつて、静岡県は自他ともに認める「サッカー王国」だった。で、現状はどうかといえば、高校勢の姿に象徴されるように、"王国"と呼ぶにはためらいを感じる。しかし、ジュビロ磐田、清水エスパルスのJリーグ2チームを頂点にした、ピラミッドのすそ野は広く、屈指の「サッカーどころ」であることは間違いない。

こうした中身が凝縮された、静岡サッカーをけん引してきたのは、高校サッカーにほかならない。

しずおかの高校サッカー 戦後の球跡

　1919年（大正8年）、静岡師範学校（現・静岡大教育学部）にサッカー部が誕生した。静岡サッカーの"キックオフ"で、蹴り出されたボールは現在もパスされ続けている。その担い手は、戦前は旧制中学、戦後は新制高校である。すなわち、高校抜きに静岡サッカーを語ることはできない。

　そんな思いを強く抱き、輝きを取り戻す一助になれば―との願いから、「全国大会出場校」に的を絞った『静岡の高校サッカー　戦後の球跡』を、夕刊スポーツ欄に2011年3月7日から11月29日まで110回にわたって連載した。その連載記事を加筆し、再構築したのが、本書である（文中敬称略、所属先は2012年3月31日付け）。連載執筆者は長年にわたり高校サッカーはじめ、スポーツ取材にあたった加藤訓義（元静岡新聞社運動部長、現スポーツライター）が担当した。

　取材に応じていただいた各校の指導者、OBの方々、資料（写真を含め）を集める上で全面的にご協力くださった各方面の皆さんに心からお礼申し上げます。

静岡新聞社編集局長

大須賀　紳晃

しずおかの高校サッカー　戦後の球跡

2012年5月22日

編　者　　静岡新聞社
発行者　　松井　純
発行所　　静岡新聞社
　　　　　〒422-8033　静岡県静岡市駿河区登呂3-1-1
　　　　　☎054-284-1666

印刷・製本　石垣印刷株式会社
©The Shizuoka Shimbun 2012 Printed in Japan
ISBN978-4-7838-2233-2 C0075
■定価は表紙に表示してあります
■落丁・乱丁本はお取り替えいたします